¡No, todavía no eres
adolescente!

*Colección dirigida por Bernadette Costa-Prades.*

*«Nosotros sabemos que no somos mayores,*
*son los adultos los que no lo saben.»*
*Lola (10 años)*

*Diseño gráfico de la cubierta de Bruno Douin.*

*Traducción de Ariadna Martín Sirarols.*

*Ilustración de la cubierta de Jesús Gracia Sánchez.*

*Título original:* Non, tu n'es pas encore ado!

© Editorial De Vecchi, S. A. 2019
© [2019] Confidential Concepts International Ltd., Ireland
Subsidiary company of Confidential Concepts Inc, USA
ISBN: 978-1-64461-406-8

Béatrice Copper-Royer
Guillemette de la Borie

# ¡NO, TODAVÍA NO ERES ADOLESCENTE!

A los 8-12 años todavía son niños

dve
PUBLISHING

# Introducción

Quizá algún día, un sábado cualquiera, nos hayamos cruzado en una tienda «de tendencias modernas» con una niña de unos diez años. Ataviada con un moderno top, que descubre su ombligo, y enfundada en unos ceñidos vaqueros sobre sus altos tacones, elige seriamente su maquillaje entre un montón de frasquitos: ¿polvos dorados, esmalte de uñas o sombra de ojos malva? O quizá hayamos visto a ese chiquillo de nueve o diez años, buceando entre las estanterías de una gran superficie. Vestido como un vendedor y hablando su misma jerga de experto y con un alto poder adquisitivo, abandonará la tienda con el juego estrella del momento, que lleva la etiqueta «A partir de catorce años».

Es una generación de niñas-mujer o miniadultos que se imponen e imponen en su entorno y que fascinan por su desenvoltura y su desparpajo, que a menudo descolocan a los adultos. Los primeros en sufrir este fenómeno fueron los norteamericanos. Con su tendencia a las abreviaciones que los caracteriza, los bautizaron con el nombre un poco bárbaro de KGOY (*kids getting older younger*, los niños envejecen más jóvenes). Parece que asistamos a un desplazamiento de las franjas de edad tradicionales, con la novedad de que la infancia terminaría antes y la adolescencia empezaría antes...

Es difícil determinar y clasificar esta frontera tan borrosa entre la infancia y la adolescencia en una categoría definida. También se habla de *tweenagers*, entre dos edades.

El proceso también ha llegado a España. Los psicólogos infantiles, especialistas en adolescentes, han observado que, en poco más de veinte años, los comportamientos de los niños parecen haberse desplazado y avanzado dos o tres años.

Michel Fize, sociólogo, ha realizado el seguimiento de un grupo de niños desde sexto de primaria hasta cuarto de ESO para determinar las etapas del paso de la infancia a la adolescencia. Afirma que esta etapa es, ante todo, cultural y precede a la pubertad fisiológica.

La adolescencia no procedería, pues, «del interior» del cuerpo y la cabeza, sino de multitud de informaciones, imágenes y presiones que perciben nuestros hijos, y que les impulsan más deprisa hacia delante.

Estos jóvenes *tweenagers* tienen entre ocho y doce años; algunos están acabando la escuela primaria y otros han empezado la secundaria. No han iniciado la etapa de la pubertad, o lo han hecho recientemente, y apenas miden metro y medio. Pero tienen el aspecto de un joven adulto, hablan con un lenguaje que han oído en televisión y han perfeccionado en las clases del recreo, a golpe de argot y expresiones a veces muy crudas, dando a entender que saben mucho de las cosas de la vida. Manejan con habilidad el ratón del ordenador, los teléfonos móviles y exigen que se organice un «fiestorro» para celebrar su noveno aniversario. En definitiva, aunque tienen un cuerpo y una personalidad infantiles, en algunos momentos se comportan exactamente como adolescentes.

En un mundo que cambia tan rápidamente no es nada sorprendente que nuestros hijos se vean envueltos en la vorágine. No sirve de nada lamentarse ni intentar encerrarlos en una torre de marfil para protegerlos.

En cambio, en todas las épocas, cualquier educador tiene el derecho y el deber de distinguir lo que le parece beneficioso para el desarrollo de los niños y debe oponerse, en cambio, a todo lo que pueda hacerle daño o representarle un obstáculo...

## ¡No, todavía no eres adolescente!

Debemos preguntarnos seriamente si esta infancia acortada desvirtúa la evolución de los niños que tenemos a nuestro cargo y si los estamos privando de un tiempo valioso para que vivan plenamente las etapas de la vida, que les ayudarán a superar la edad adulta con las mejores oportunidades para ser felices.

Se dibuja cada vez con mayor claridad un desequilibrio entre estos jóvenes que han crecido demasiado rápido, sin ningún tipo de límite. Como si el tempo de la sociedad en la que crecen los llevara a crecer a «marchas forzadas», desfasados respecto al ritmo de su desarrollo físico y psíquico. Desde principios del siglo xx, gracias a unas mejores condiciones de vida y al retroceso de las enfermedades, la edad del principio de la pubertad se ha ido rebajando con regularidad y ha pasado de los catorce años a los doce en la década de 1960.

Hoy día permanece estable, en torno a una media de once años y medio, un poco antes para las niñas y un poco más tarde para los niños, aunque con grandes variaciones individuales. En la actualidad, los niños se vuelven adolescentes a la misma edad que sus padres. Estos cambios físicos se acompañan de trastornos psíquicos que son indisociables y que sólo se pueden vivir desde el interior. Aunque se vistan como adolescentes, hablen como ellos o reclamen como tales, todavía no lo son en su psique, y corren el riesgo de no llegar a serlo nunca. En efecto, se ha comprobado que estos niños mayores, aparentemente tan seguros de sí mismos, no logran comprometerse con el proceso de autonomía que conduce a la madurez. Llenan las consultas de los psicólogos, enviados por sus maestros debido a dificultades de comportamiento, porque les cuesta organizarse o tener iniciativa, o trabajar solos. O pensar por sí solos. Porque no logran concentrarse o trabajar más de un cuarto de hora seguido... Sus numerosos y variados conocimientos son tan amplios que no pueden cruzarlos para que tengan sentido y utilizarlos para entender el mundo. Y, sobre todo, cuando les cuesta mucho separarse de sus padres, se sienten terrible y duraderamente dependientes. Como si les faltara la dosis de seguridad interior para su lenta maduración, para pasar a la siguiente etapa de desarrollo.

Recordemos el éxito de *Tangury*, esa película que pone en escena a un joven rompecorazones de veinticinco años, con muchos diplomas, pero incapaz de abandonar el nido de los padres, de hacerse cargo de sí mismo para volar con sus propias alas. Sin duda, fue el eco de las preocupaciones de muchos padres desorientados. Son muchas las razones para concienciarse de los retos de la educación de esos niños de ocho o doce años cuando todavía es posible. Este libro desea ayudarle a conducir a sus hijos, a su ritmo, hacia su florecimiento como adultos y anticiparle las dificultades posteriores, engendradas por una precocidad demasiado anticipada.

# Capítulo 1

# Los retos de la segunda infancia

**Al volver de la escuela, Manuel, Kevin, Amina y los demás se quedan pegados al televisor hasta que sus padres regresan. Miran sucesivamente una multitud de series y programas de variedades, calibrados para agradar a todo el mundo, y por lo tanto a ellos, que escenifican las preocupaciones de los jóvenes adultos.**

## Un desarrollo por etapas

Las ciencias humanas nos han enseñado que el desarrollo pasa por etapas obligatorias. La fase del complejo de Edipo, por ejemplo, que empieza en torno a los tres años, o la adolescencia, hacia los doce años. Cada persona las atraviesa a su manera, con mayor o menor dificultad, y se apoya en sus propios recursos. Es como si se tratara de escalones que se van subiendo, al tiempo que se madura en un campo o se aprenden cosas nuevas. También se ha descubierto que cada edad de la vida es particularmente adecuada para un determinado tipo de descubrimientos o nuevas experiencias. Existe, pues, un «trabajo» previo que debe cumplirse. Por ejemplo, en la adolescencia se descubre todo el mundo de la sexualidad adulta, con sus impulsos y emociones. Pero para ello es necesario no saltarse etapas y ofrecer a cada niño, en la fase de desarrollo en la que se encuentre, lo que mejor puede ayudarle a construirse a sí mismo. Algunas etapas se notan más, porque se traducen en trastornos de la vida familiar; como por ejemplo las «crisis de oposición» de los bebés de dieciocho meses a dos años que dicen «no» a todo, o las de los adolescentes que desean romper con todo: ¡sobre todo con los valores y costumbres de los padres! Quizá por ello nos resulte más difícil ser concientes de los retos de la segunda infancia y a menudo olvidamos preservar esta etapa con sus especificidades y posibilidades. No obstante, si se «salta un escalón», el siguiente corre el riesgo de construirse cojo, incoherente, en falso. Entonces resultará mucho más difícil y aleatorio «recuperar» en un momento mucho menos propicio la etapa que falta en la construcción de la personalidad del niño.

Cada etapa tiene su sutil arquitectura, siempre única, con matices, y enriquecen las relaciones y el entorno. Todas las etapas tienen que aprovechar todas las experiencias, apoyarse en las posibilidades para superar las dificultades de la vida, para organizarse hasta la edad adulta y todavía más lejos. Los padres debemos preguntarnos qué tipo de universo proponemos a los niños de ocho a doce años de hoy en día, qué los alimenta, en la escuela y en otras partes, y en particular, qué se pone a su fácil e inmediata disposición a través del televisor, la radio, la publicidad...

## La indispensable fase de latencia

Este es el nombre que recibe este periodo de la segunda infancia que nos interesa, que se extiende desde finales de la fase de los conflictos de Edipo, en torno a los seis años, hasta principios de la pubertad, en torno a los once-doce para las niñas y doce-trece para los niños. Como su nombre sugiere, debería ser una etapa serena, que se desarrollara sin ruido. Cuando las cosas funcionan bastante bien en la vida de los niños, su crecimiento y su desarrollo son moderados y armoniosos, sin crisis, tanto en el plano físico como psíquico. Eso no significa que no pase nada, al contrario. Precisamente, gracias a esta tranquilidad, la fase de latencia es un escalón esencial: debe garantizar una base de conocimientos tan amplia y sólida como sea posible, y ello requiere de tres a cuatro años. Quizá hoy en día la tendencia sea acortarla, es decir, vaciarla de contenido, y ofrecer propuestas y estímulos que en realidad los niños no pueden aprovechar·y que les impiden dedicarse a unas adquisiciones que son fundamentales para ellos. Es como si se propusiera un cursillo de paracaidismo a un bebé, ¡pidiéndole que dedicara toda su energía a transportar sus aperos!

Después de beneficiarse de una infancia completa, y sólo después de esta, los niños tendrán suficientes recursos para afrontar los trastornos de la adolescencia...

## Tiempo de juego

¿Qué necesitan estos niños de ocho a doce años? Todavía necesitan jugar. ¡Es lo más importante en esta etapa! El juego es un «trabajo» tan importante que se le tiene que dedicar tiempo, mucho tiempo. Sin embargo, se observa que los niños no siempre disfrutan de ese tiempo de juego: viven a veces en apartamentos exiguos y el tiempo siempre está cronometrado. O a veces ya no saben jugar, demasiado acaparados desde hace años por pantallas de todo tipo puestas a su disposición. Es lo que constató Lucía, de once años, desolada, cuando llegó a secundaria: «En el recreo, ya sólo hablamos. En primaria jugábamos con las gomas elásticas, me gustaba más...». Lucía sigue viviendo en su casa rodeada de peluches que le ayudan a jugar un poco, ¡como si fuera un delito!

Prueba de ello es que los fabricantes confiesan que no consiguen vender juguetes a sus jóvenes clientes de más de seis o siete años. Las muñecas, incluso los maniquíes o las plataformas espaciales, aunque estén repletas de electrónica, ya no atraen a los niños que desertan del juego cada vez más pronto.

Incluso se ha llegado a considerar la instalación de «rincones de juegos» en las escuelas primarias para que los niños vuelvan a aprender este indispensable ejercicio. En efecto, el juego tiene muchas virtudes educativas. ¡Un descubrimiento que no es nuevo! A principios del siglo xx, el célebre pediatra Winnicott ya afirmaba: «Jugando, y quizá sólo cuando juega, el niño, e incluso el adulto, puede mostrarse creativo».

El juego ayuda a estructurar la personalidad, permite organizarla: con el sueño, la imaginación se filtra en la realidad, se tiene la posibilidad de captarla e intentar comportamientos sin mayores consecuencias. Ayuda a evadirse cuando la realidad se hace demasiado dura, y después a enfrentarse mejor a esta. ¿Alguien no ha oído nunca por casualidad a un niño jugando a «maestros» amonestar a una clase imaginaria como le ha sucedido a él en la realidad unas horas antes?

El juego ofrece los medios para superar los límites, las frustraciones: cuando no se puede «ser como» un piloto de Fórmula 1 o una exploradora, se puede «hacer como si se fuera», jugando. El matiz es importante.

Además, el juego aporta herramientas para superar los conflictos que cada niño siente en su interior o en relación con los demás. Puede expresar su agresividad natural, mostrarla y aprender a dominarla en un entorno sin peligros ni retos reales. Es, pues, una buena forma de aprender a controlar la violencia, primero durante el recreo y más tarde en la vida, en la sociedad.

El juego es también una cuestión grupal, de relaciones entre niños. Desarrolla la capacidad de comunicación, el abanico de contactos sociales e introduce en la estrategia de las relaciones humanas. ¡Por algo se habla de buenos y malos jugadores! Además, aumenta la capacidad de descubrir y entender la riqueza del mundo exterior, por placer y con placer. El famoso Trivial Pursuit batió su propio récord, aunque no son necesarias cartas y datos para realizar este tipo de descubrimientos.

«Papá dice que soy demasiado mayor para tener una Barbie en mi habitación...», se lamenta Lola, de nueve años, a la que le encanta jugar con los peluches de su hermano menor, de siete años. Los padres, que son sólo adultos que han perdido por el camino las claves de la magia del juego desde su propia infancia, no perciben forzosamente la dimensión imaginaria que se manifiesta en algunos comportamientos infantiles. ¡Se lo toman todo al pie de la letra! Es lo que pasa cuando una preocupada madre interviene en lo que considera una disputa entre sus dos hijos, encendidos y vociferantes. «¡No, mamá, estamos jugando!», dicen, al ser molestados en su universo de juego.

## ¡No, todavía no eres adolescente!

Del mismo modo, si se transponen demasiado pronto los sueños de los niños a la realidad, en particular en el universo del consumo, no se deja margen para el juego. Así, a las niñas pequeñas siempre les ha gustado imaginarse bailarinas, disfrazarse de «estrellas con trajes brillantes», crear suntuosas coreografías en la alfombra del comedor y esperar que el círculo familiar las aplauda. Es un juego maravilloso, que se tiene que animar por lo que es: un momento agradable, que construye el amor por uno mismo, desarrolla la creatividad, la flexibilidad física y la capacidad musical. Pero si una madre «se cree el juego» en el sentido estricto del término, es decir, si se cree con demasiada seriedad la vocación artística de su hija, la anima a presentarse a uno de los numerosos *castings* que buscan a nuevas estrellas que todavía no han salido de la infancia, si ella misma se pone a soñar que tiene una hija famosa, entonces la obliga a abandonar el juego, a entrar en una dura realidad para la que no tiene bastante madurez. Su actitud rompe la imaginación, la reduce a la dimensión plana de la vida real. Y los padres se equivocan cuando interpretan ese deseo de destacar como un signo de madurez y dejan que su hija se maquille como una adolescente cuando no lo es y «juegue» a ser una estrella por la calle...

Nos equivocamos cuando pensamos que todas esas cosas bonitas y buenas contenidas en el juego hacen perder el tiempo a los niños, en detrimento de los aprendizajes «serios». Toda la personalidad se construye y enriquece de ese modo. Una vez superado el periodo de latencia, esta base ya no podrá volver a adquirirse de una manera tan natural y eficaz; porque los adolescentes ya no estarán disponibles, demasiado concentrados en sus trastornos internos.

## El aprendizaje de la autonomía

Entre los ocho y los doce años, los niños se vuelven cada vez más desenvueltos. No son sus padres los que se quejarán por ello, ¡aliviados al fin de dejar atrás las obligaciones de la primera infancia! Están en plena posesión de sus medios, a gusto en sus cuerpos, capaces de hacer muchas cosas, como los adultos. Y lo que es mejor, contentos de conquistar nuevos campos o competencias. Teo se encarga todas las tardes de pasar por la panadería a comprar el pan para la cena; Tristán acompaña todas las mañanas a su hermanita al parvulario y la espera a la salida. En cuanto a Marion, cuyos padres no regresan nunca antes de las 19.00 h, pone la mesa gustosamente mientras los espera, después de haber hecho los deberes sola. Y así funciona muy bien. La adquisición de la autonomía, tanto en la vida material como respecto a los padres, es la segunda característica importante de la segunda infancia. Pero cuidado: no se debe confundir esta autonomía con la independencia. Se trata de acompañar con delicadeza un paso progresivo, que se efectúa a veces con idas y vueltas desconcertantes. El mismo niño de once años puede darle la mano a su madre en la calle con una ternura confiada un día y al día siguiente caminar tranquilamente algunos pasos por delante de ella, ¡manteniendo con cuidado una simbólica distancia!

El papel de los padres consiste, sin duda, en no contrariar los deseos de autonomía, pero también en marcarlos, mostrando su confianza. Se trata de ayudarles a hacerlo todo solos, como decía justamente Maria Montessori al hablar de esta franja de edad. Animándolos activamente con palabras y consejos, dándoles los medios para triunfar. Esta autonomía bien enmarcada de la segunda infancia desarrolla la seguridad interior, da confianza en las propias capacidades, permite ir hacia delante.

Y cuando el niño alcance el objetivo, no se debe olvidar subrayar el progreso conseguido y expresar nuestro aprecio, que reforzará la autoestima que está adquiriendo.

Si esta autonomía se establece serenamente durante la infancia, la independencia que no dejarán de reivindicar los adolescentes será más fácil de gestionar. Habrán aprendido a cuidar de sí mismos, no se sentirán obligados a tomar riesgos desmesurados para mostrar que están cambiando.

En cambio, cuando se observa a las jóvenes candidatas a ser estrellas en los programas de televisión, con una apariencia muy próxima a la del adulto, se puede ver que siempre van acompañadas de sus madres. Parecen incapaces de desenvolverse solas. Probablemente se ha obviado una etapa en su educación, y madres e hijas no tardarán en pagarlo caro...

En todos los campos existe autonomía por conquistar, responsabilidades a su medida: los niños de nueve o diez años pueden empezar a hacer los deberes solos en las materias en las que se sienten a gusto, organizar su propio tiempo, ser responsables del orden de su habitación, anotar y recordar la cita con el dentista... ¿Acaso todo tiene que pertenecer a la categoría de las tareas domésticas para que se den las ganas de crecer? En absoluto, también se les puede dar autonomía para que escojan el momento de unas compras, el rotulador dorado con el que sueña, para ir a patinar al parque de al lado si regresa a la hora concertada... Sólo basta saber que es posible hacer crecer en los niños un sentimiento de seguridad y confianza en sus capacidades.

## Una libertad progresiva

En cambio, es importante no considerarlos mayores de lo que son, aunque ellos así lo reivindiquen. Confiar en un niño una responsabilidad que no puede asumir es llevarlo al fracaso. Si se pide a un niño de diez años que se quede toda una tarde con su hermanita de cinco años, en general insoportable, querrá poder hacerlo y, por consiguiente, si no lo consigue, no hará honor a su responsabilidad. Pasa lo mismo si se imponen trayectos solitarios en transporte público a una niña de la misma edad que tiene miedo. Es una lástima, porque sólo un año más tarde podrá hacerlo con toda serenidad. Estas experiencias pueden hacer que se sientan mal ante sus propios ojos y bloqueen su asunción de autonomía.

Los padres deben mantener el dominio, organizar la libertad siempre por fases sucesivas, atentos a todas las señales de alarma que son una forma de decir: «Es demasiado pronto». Aunque un niño sea capaz de almorzar solo en casa, no se puede dejar que organice todos lo días de la semana su horario en el momento del almuerzo. Y aunque otro sepa desenvolverse solo en la vida de cada día, tampoco los padres pueden irse al campo el fin de semana regularmente y dejarlo solo en casa. A veces, no obstante, ellos mismos lo reclaman: «¿Por qué no os vais? Me puedo quedar solo». A esa edad, no es una reivindicación, aunque podamos pensarlo, sino la búsqueda de límites: «¿Hasta dónde puedo llegar?». Cuando un niño no está listo para una nueva etapa, lo manifestará a veces de distinto modo: ansiedad, nerviosismo, lloros, repetidas llamadas a los padres sin motivo aparente...

Corremos el riesgo de caer muy pronto en esta reivindicación de autonomía demasiado precoz cuando nos apaña, porque las obligaciones de la vida personal y profesional son difíciles de gestionar: «¿Por qué no dejarla sola si lo reclama?», «¿Por qué no puede volver ella sola si al parecer eso no le supone ningún problema?». No hay que olvidar que los niños de esta edad siempre tienen la necesidad de tener referencias estables, que les garanticen tranquilidad interior: «¿Quién viene a buscarme al salir del colegio?», «¿Cuándo regresa mamá?».

## La autoestima

La autoestima es la imagen que cada uno tiene de sí mismo y que debe ser bastante positiva para que uno se sienta feliz y pueda evolucionar en la sociedad. Se construye a lo largo de la primera y la segunda infancia, gracias a la mirada benevolente que los padres, educadores y demás gente que les quiere dirigen al niño. Son los mensajes positivos que le llegan en la vida diaria, que muestran que se tiene confianza en él y en sus posibilidades, en su capacidad de crecer y ser autónomo. Por el contrario, los padres que siempre tienen miedo, que practican sin tregua una vigilancia ansiosa y consideran a su niño de nueve años un chiquillo de dos años y medio, impiden que pueda alejarse de ellos. Le transmiten más o menos conscientemente la idea de que está amenazado por todas partes, por todo tipo de peligros y que es incapaz de enfrentarse a ellos. Este mensaje negativo no le ayuda en absoluto a reforzar su seguridad interior.

La confianza adquirida en la infancia es determinante para abordar de la mejor forma posible la adolescencia y los sobresaltos en los que se verá forzosamente replanteada, y a veces duramente maltratada. De este modo, si un adolescente ha adquirido una buena autoestima, prestará mucha menos atención a la mirada de los demás, a la imagen que tienen de él. Por ejemplo, se puede afirmar sin riesgo de equivocarse que los niños que necesitan encerrarse en un «caparazón» de prendas o zapatos de marca intentan compensar así una autoestima insuficiente. Por lo tanto, debe construirse antes para no tener que multiplicar los objetos de consumo después.

## El tiempo de los amigos

La segunda infancia es el momento privilegiado de las amistades. Cloe y María pasean por el patio de la escuela cogidas del brazo, siempre con secretos... Más lejos, un grupo de cinco niños se pelean riendo. Estos son amigos desde el parvulario y, como dice Víctor: «Todos somos íntimos amigos».

## ¡No, todavía no eres adolescente!

Son relaciones de amistad, y no amorosas, lo que les interesa y experimentan, tanto entre chicas, entre chicos, como entre chicos y chicas. Empiezan a descubrir, gracias a una inteligencia social en pleno desarrollo, la gama de relaciones que pueden entretejer los seres humanos: complicidad, envidia, solidaridad, traición... Aprenden a situarse: «Es mi mejor amiga porque...»; «Ya no soy su amigo porque...». Los grupos se hacen y se deshacen, con incluso pequeñas o grandes maldades, que pueden ocasionar a veces auténticos sufrimientos. Unos van a casa de otros con frecuencia, es el momento de las grandes meriendas, de los fines de semana o las vacaciones compartidas. Precisamente porque se han hecho más autónomos, hasta poder encargarse de sí mismos, todo se vuelve más fácil. Los deberes todavía no ocupan todo el tiempo en el horario de los niños.

A veces nace una amistad entre un niño y una niña con total serenidad. A esta edad no sienten todavía en su interior la emoción amorosa, aunque utilicen las palabras que oyen en todas partes: «Estoy enamorada de...». Aunque modulen con fervor las canciones de amor del momento, no perciben los sentimientos del mismo modo que los adolescentes que serán más tarde. Sería un error por parte de los padres atribuir a estas relaciones de amistad un matiz amoroso precoz que no existe. Proyectando nuestra propia experiencia de adultos y dejándose fascinar por las apariencias, se corre el riesgo de que niños demasiado jóvenes se precipiten, a su pesar, hacia comportamientos adolescentes, con los que no se sentirán cómodos y que no les aportarán nada en esa etapa de la vida.

## El descubrimiento del mundo

Los ocho o doce años son una edad maravillosa en la que los niños se interesan por todo. Es un momento en el que la inteligencia se está formando, y desean comunicarse con los demás y comprender qué piensan; por lo tanto, las posibilidades de aprendizaje en este sentido son infinitas. Y deben aprovecharse, porque eso durará sólo el tiempo de la fase de latencia: el placer de aprender se adquiere en ese momento ¡y en la vida!

Estos niños dedican, por lo tanto, mucha energía (que es inmensa, ¡todos los padres estarán de acuerdo en eso!) a descubrir el mundo: siempre están a punto de partir hacia una nueva aventura, para arriesgarse y llegar a tierras desconocidas confiados si los educadores se toman la molestia de abrir una puerta con propuestas adaptadas a su edad. Se apasionan por cosas infinitamente variadas, incluso incongruentes a los ojos de los adultos. Uno se puede especializar durante algunos días en el estudio de la vida de las hormigas; otro se pasa todo el tiempo libre en una cuadra de caballos de un club de hípica; se descubre que un tercero, vía internet, lo sabe todo sobre los últimos vuelos pilotados al espacio, etc. Los profesores de cursos intermedios que hacen bien su trabajo saben que pueden apoyarse en ese afán y entusiasmo para que les lleguen los conocimientos. En algunas clases es el momento de los grandes proyectos de todo tipo: plantaciones biológicas, encuestas en el pueblo o la ciudad, viajes de clase o competiciones deportivas. Aprovechan este periodo esencial y feliz para fijar unas bases fundamentales. En efecto, cuando llegue la pubertad, los jóvenes adolescentes estarán tan ocupados por lo que pasa en su interior que no les quedará mucho interés y energía para otras cosas. No siempre lograrán dominar los impulsos que los invaden, dudarán de sí mismos, se enfrentarán a sus padres y educadores. La curiosidad, el aprendizaje y el ejercicio físico pasarán incluso a un segundo plano, y no volverán hasta la plena adolescencia, después de los quince o dieciséis años.

## La confianza en los adultos

Aunque no siempre lo muestren y exhiban gustosos su nueva autonomía como un estandarte, los niños tienen todavía básicamente una verdadera y sólida confianza en los adultos. ¡Al menos cuando estos lo merecen!

Durante la fase de latencia, al contrario que en el periodo edipiano o en la adolescencia, los padres pueden servir de «apoyo identificativo» a sus hijos: una niña puede apoyarse en su padre, con ganas de crecer para ser adulta como él; no por ello siente miedo de no ser bastante femenina, ni de querer demasiado a su padre. Al mismo tiempo, un niño también puede identificarse con su madre en algunos aspectos. Así, el abanico de personalidades, gustos y centros de interés se multiplica por dos.

Los niños, cuando están a gusto con los adultos, están dispuestos a recibir mucho de ellos. Esta confianza fundamental hace que se despreocupen «de su edad», y les permite dejarse guiar sin plantear muchas preguntas. Una vez más, es un «derecho de la infancia» que se tiene que dejar que aprovechen. En pocos años, sentirán la violenta necesidad interior de alejarse de sus padres, aunque los quieran mucho, y les costará todavía más aceptar lo que viene de ellos.

# Lo esencial

Los padres deben procurar no confundir en su hijo el deseo de crecer y ser adolescente: estas dos etapas no se expresan del mismo modo y no despiertan las mismas reacciones.

La segunda infancia es el periodo de los fundamentos. Es preciso que tenga lugar, sin acortarla, y aprovechar las posibilidades que ofrece.

Entre los ocho y los doce años se aprende la autonomía material y psíquica, se descubre el gusto de aprender y el placer de entender. También se construye su autoestima y se vive la experiencia de las grandes amistades.

# Capítulo 2

# ¡No, su educación no ha terminado!

«¡Pero, mamá, esto no mola nada!»
«Ah, ¿no?», responde la madre, que en seguida opta por no decidir nada sola en cuestión de ropa. Otra señorita de diez años suspira, fastidiada: «Cuando vienes a buscarme vestida con unos vaqueros, mis amigas creen que eres mi canguro...».

## Padres anticuados

Los padres se sorprenden, incluso se sienten superados por estas actitudes y esas palabras en las que ya no reconocen su propia infancia: «¡Parece un adolescente!», exclaman ante las réplicas insolentes o las reivindicaciones de jóvenes sublevados de diez primaveras. ¡En efecto, aunque se haya identificado el fenómeno de los *tweenagers*, no por ello es fácil encontrar las actitudes educativas apropiadas en relación con nuestros hijos!

La inmensa mayoría de padres tiene buena voluntad y desea hacer lo mejor con sus hijos. También esperan lo mejor para ellos. Pero a menudo, sobre todo en las familias menos numerosas, les faltan puntos de comparación. En otras épocas, la proximidad de niños mayores, primos o primas que ya habían pasado por eso, ayudaba a forjar una experiencia. La presión de la sociedad era ciertamente menos feroz, la publicidad y los modelos de consumo menos invasores, y las referencias educativas menos movidas... Sin duda, es más difícil ser padre hoy en día que hace veinte o treinta años.

Además, los medios de comunicación y los psicólogos alertan con tanta virulencia sobre la necesidad de no fallar en la importante etapa de la adolescencia, que preocupan a los padres y los empujan a anticipar el fenómeno antes incluso de su aparición real. Se les dice tanto que será duro, que es normal que los niños cuestionen la autoridad de los padres y que no tienen que ser severos, que se cruzan de brazos antes de tiempo. Ante la primera manifestación de rechazo, de replanteamiento, de malestar de su hijo de ocho o diez años, los padres creen descubrir la señal del principio de la adolescencia. Por lo tanto, reaccionan como si estuvieran frente a un auténtico adolescente. O, en caso de duda sobre la conducta que deben tener, se abstienen, y dejan que su retoño tome el poder. Estas reacciones inapropiadas tienen como resultado reforzar todavía más el trastorno del niño. Nada le detiene en su carrera todopoderosa. Y así es como los padres, afectados por el vértigo, se sienten superados por esos pequeños «salvajes» que imponen su ley. O, por el contrario, se sienten fascinados por su brillante criatura, ¡que sabe hacer tantas cosas que ellos no sabían a su edad!

## Un mundo que cambia

En una generación, la evolución ha sido tal que se han trastornado todas las referencias. Sin duda, siempre se ha visto a los jóvenes superar a sus padres, y eso es lo que favorece la creatividad y el progreso. Pero la aceleración ha sido tan rápida que a los adultos a veces les cuesta entender las transformaciones tecnológicas y adaptarse a ellas.

## ¡No, todavía no eres adolescente!

Mientras que nuestros hijos, desde su más tierna edad, están sumergidos en un universo de imágenes e informaciones: los telediarios ingeridos con el biberón en las rodillas de sus padres, los programas de televisión pensados para ellos desde los dos años, los ordenadores a su disposición para navegar por la red mundial, los juegos de vídeo para ponerse al volante de una nave espacial o dirigir el comercio internacional, el teléfono a su disposición para organizar su ocio, sin olvidar las discusiones animadas por sus padres para aprender a expresar sus deseos o sus frustraciones. Todo eso ya existía hace un tiempo, pero se ha desarrollado fantásticamente y acelerado desde hace unos diez años. Su edad, justamente... En los campos del ocio y la cultura, no es nada sorprendente que los niños sean más abiertos, estén más informados, con más cualidades que las generaciones anteriores. ¡Es normal y así tiene que ser! Pero tampoco hay nada anormal en que los padres de estos niños no estén en el mismo diapasón: tienen que «ponerse al día» a medida que las cosas evolucionan. En muchas áreas los niños se encuentran más a gusto o saben más que sus padres. Y son muchas las familias en las que los niños de cuatro o cinco años, que todavía no saben leer ni contar, dominan mejor el DVD que los padres.

## La experiencia humana sigue siendo válida y útil

Y sin embargo... Que la experiencia y la madurez de los padres hayan desaparecido y que tengan que perder la confianza en su capacidad de ser una guía competente no se debe a que el mundo ha cambiado. Los niños siguen siendo niños, no crecen solos en la buena dirección. Necesitan más que nunca ser acompañados, educados. Porque el mundo es cada vez más complejo, más diverso, más rico en propuestas. La función educativa de los padres es todavía más importante para proteger, limitar o estimular, guiar hacia adelante. Los adultos han sido armados por la vida para dar experiencia, conocimientos humanos, sentido común y una mente crítica a los más jóvenes. Han pasado por las mismas etapas fundamentales que sus hijos. Han afrontado pruebas y han triunfado ante dificultades, han amado y construido relaciones, han tomado decisiones. Lo esencial del recorrido de un ser humano no cambia y mantiene todo su valor.

Con todo, los padres carecen terriblemente de confianza en sí mismos y no se atreven a imponerse como adultos y educadores. ¿Quizá esta generación es particularmente débil en este campo? ¿Quizá le faltan certidumbres? ¿Porque los padres de hoy en día son los hijos de la revolución de «Mayo del 68», que lanzaron las leyes y las estructuras por encima de las barricadas? ¿Porque a menudo son hijos e hijas de padres divorciados, ya que la institución del matrimonio empezó a resquebrajarse en torno a los años setenta?

Quizá también se sienten ahogados entre discursos de psicólogos, que a menudo han descalificado a los padres imponiendo su palabra de expertos. En todo caso, se constata que para ayudar a los niños de hoy basta con dar algo más de confianza a sus padres en este papel.

Quizá algunos también acaricien la ilusión, frente a esos niños aparentemente tan seguros y autónomos, que la parte ingrata de la educación ha terminado y basta ahora con dejar que las cosas pasen.

¡Desafortunadamente, saber hablar fuerte y alto, teclear en un ordenador o maquillarse como una muñeca no es una prueba de madurez y equilibrio! Los padres tienen todavía mucho que transmitir para que sus hijos se conviertan en adultos.

## El difícil «oficio» de padres

Aunque se quisiera transmitir la educación que se recibió hace veinticinco años o más ¡no funcionaría! En los tiempos en que había sólo cada día una hora de dibujos animados en una única cadena para los niños, la elección era más simple, y era más fácil apagar el televisor al final. Es normal, a medida que los niños crecen, tantear y equivocarse a veces, para ajustar sin cesar sus reacciones a actitudes infantiles que no paran de cambiar. Tampoco existen recetas válidas para todo el mundo. Cada padre, con el paso del tiempo, según sus decisiones y su cultura, en función de lo que es y de lo que ha recibido o no, forja por sí mismo la educación que quiere transmitir a sus hijos.

¡También es normal que a veces nos sintamos cansados! Los padres de estos niños rondan la cuarentena, una edad de replanteamientos personales, profesionales, conyugales. Llevan a sus espaldas un mínimo de diez años de cargas familiares, y se encuentran a menudo en la cumbre de sus responsabilidades profesionales. Hoy en día la gran mayoría de mujeres tienen actividades fuera de casa, que a menudo ocupan tanto tiempo como las de los hombres. Todos intentan asumirlo todo, incluso a veces hasta lo imposible. Es lo que sucede en particular a madres que crían solas a sus hijos o trabajan mucho sin ayuda, o a padres instalados lejos de las redes familiares y de amigos que podrían aportarles ayuda material o consejo. Eso hace que a menudo se vean, sobre todo en las grandes ciudades, padres realmente agotados.

Cuando se alcanzan estos límites, se tiene que tener la valentía de tomarse el tiempo de reflexionar, por su bien y por el de sus hijos. La educación exige tiempo, obliga a establecer prioridades, a renunciar a ciertas cosas durante algunos años, a encontrar relevos. ¡Y tranquilícese, no existen los padres perfectos! Los padres de otras épocas tampoco eran padres perfectos, y la rigidez que se les reprocha ha dejado también su rastro de dificultades. Además, si desea ser un padre perfecto, seguro que exige a sus hijos que también lo sean, con unos objetivos marcados demasiado elevados, ¡lo que le conducirá directamente hacia el fracaso!

## Los padres nunca están solos

Como vivimos en sociedad, en un momento u otro todo el mundo se plantea preguntas parecidas. Si nos tomamos nuestro papel en serio y si lo deseamos verdaderamente, tendremos múltiples ocasiones para forjarnos valores educativos. ¡Eso permite encontrar la actitud justa en el momento preciso! Así, muchos padres plantean sus dificultades y problemas todos los días ante un café, en las conversaciones entre colegas de trabajo en las empresas. La experiencia de unos puede servir a los demás, por poco que los primeros se contenten con dar lecciones y que los segundos acepten replanteárselo todo. Los padres de niños un poco mayores que los suyos son muy valiosos: ya han «pasado por eso», conocen los escollos que deben evitarse y a veces simplemente ayudan a ver las cosas con mayor distancia y a que se sientan «normales».

También merece la pena reunirse con los profesores de los niños: ven pasar a muchos jóvenes, pueden evaluar su evolución y aportar elementos de comparación. Ir a las reuniones de padres de alumnos, además de demostrar a los niños que nos interesamos por ellos, nos ayuda a constituir un grupo donde encontrar a otros adultos inmersos en la misma realidad. Tenemos que aprovechar todas las oportunidades para conocer a los amigos de nuestros hijos y a sus familias.

Primero, podremos ver a nuestros hijos desde una nueva perspectiva. Uno siempre es mucho más tímido en grupo de lo que imaginaba en casa; el otro es admirado fuera de casa por su talento o por un aspecto de su personalidad que ha pasado desapercibido en el marco familiar.

En segundo lugar, al frecuentar a esos niños con sus padres, se observan también educaciones diferentes, se reafirman las opciones, y eso permite algunas veces hacer frente común en la lucha educativa.

Por último, en muchos pueblos y ciudades existen grupos de palabras, «escuelas de padres» y otras «tertulias de padres». Son lugares frecuentados por padres de todos los horizontes, que reconfortan en la dificultad, informan, dan referencias, permiten intercambiar experiencias, así como encontrar uno mismo la actitud más coherente.

Sería una lástima abandonar tan rápido su función de padre confiando la educación de los hijos a otras personas.

## Los hijos no son los valedores de sus padres

En la vida afectiva y profesional a menudo alborotada de nuestros contemporáneos, el vínculo entre padres e hijos es sin duda lo que queda más estable y más sólido. Cuando las relaciones conyugales están marcadas por las rupturas, cuando la vida de trabajo es dura y poco gratificante, o cuando el paro la hace desaparecer, quedan los niños. Quizá porque son menos numerosos en todas las familias, y en la inmensa mayoría de los casos deseados, ¿los niños tienen la misión de hacer felices a sus padres? La armonía familiar es a veces la única razón de vida de los adultos. Entonces, cuando se invierte tanto en los niños, se arropan con tanto amor, se espera tanto de ellos, de su presencia, de sus resultados, ya no nos atrevemos a disgustarles. Además, ¡queda muy bien estar orgullosos de sus hijos! Tener un buen hijo, inteligente y que parezca feliz con su suerte forma parte del éxito humano.

De repente, se asiste quizá hoy en día a una inversión del clásico movimiento de identificación. En principio, lo que hace crecer a los niños es el deseo de ser como papá, como mamá, mayor, competente, estar a gusto en la vida, feliz. Admiran a sus padres como una imagen de lo que esperan ser. Sin embargo, a veces parece que sean más bien los niños los que se conviertan en modelos para sus padres. A fuerza de querer parecer jóvenes y dinámicos, estos intentan parecerse a sus hijos. Falta todavía un poco de perspectiva para poder juzgar el fenómeno, pero estos peligros ya son perceptibles. Cuando los padres se convierten en eternos adolescentes, les cuesta situarse en su generación, a sus hijos, ya sin modelo, también les cuesta convertirse en adultos. Pasa lo mismo cuando el narcisismo de los padres pasa exclusivamente por los niños. Estos lo sienten perfectamente, pueden sentirse aplastados, hasta el punto de no sentirse libres, obligados a «parar» sin cesar las carencias de los padres, a reconfortarlos con su propio éxito.

A menudo, al cabo de un tiempo, los niños no pueden soportarlo y esto les supone ciertas dificultades, como rencor o acritud en las relaciones que mantienen con su familia; o bien, por el contrario, depresión, en particular cuando el niño se da cuenta de que lo que los padres esperan de él es desmesurado respecto a sus capacidades.

El último peligro es que eso da al niño un poder sobre sus padres, un poder siempre inquietante, en el fondo, aunque no pueda abstenerse de usarlo y abusar de él. Es el caso de Martín, de once años, cuyos padres son sus más fieles seguidores. Todos los sábados lo acompañan a los torneos de tenis. No esconden su decepción personal cuando pierde el partido. Lo más probable es que a los catorce o quince años, cuando sea adolescente, Martín rechace jugar al tenis, encontrando ahí una fantástica manera de oponerse a sus padres y a su deseo de tener a un hijo campeón.

Para dar a sus hijos la libertad de crecer con su propia personalidad y según su propio camino, es necesario que encuentren por ellos mismos razones para ser felices.

## El deber de estar pasados de moda

Vivimos en una sociedad en la que hay que ser joven a cualquier precio. Hombres y mujeres maduros, niños, se sienten tentados de borrar sus particularidades, incluso de rebajarlas para colarse en el mismo molde y parecer un adolescente. No obstante, aunque es natural que los pequeños se quieran parecer a los mayores, lo es menos que los adultos quieran rejuvenecer a cualquier precio, con el riesgo de perder su personalidad.

Los niños de ocho, diez, doce años se identifican con los adolescentes de quince o dieciocho años que les proponen como modelos. Son modelos omnipresentes en las vallas publicitarias de la ciudad, los anuncios de las revistas, en los programas y series de televisión o en las tiendas, donde tienen estanterías repletas dedicadas a esta edad. Astutos y adaptables, acaban por parecerse tanto que logran creer un poco en sí mismos si su entorno no hace diferencias entre generaciones.

Sin duda, todos los niños pequeños del mundo han imitado a un hombre girando el volante del coche, al igual que todas las niñas del mundo se han paseado como señoras con los zapatos de tacón de su mamá. Pero lo que ha cambiado es que ahora ya va en serio. Demuestra hasta qué punto la realidad es borrosa para todo el mundo, padres incluidos. ¿Cómo encontrar su lugar entre generaciones cuando madre e hija compiten (¡sin las mismas armas!) a parecerse a su ideal común de señorita o cuando el hijo encarna lo que su padre quisiera ser, ahora y para siempre?

Sin embargo, para que el niño pueda desarrollarse, es necesario que se sitúe claramente en su árbol genealógico, en la cadena de las generaciones. Necesita saber de dónde viene y a dónde va. Por lo tanto, los padres deben asumir claramente su lugar en el escalón generacional, para que sus hijos puedan situarse en el siguiente. Y no al lado. Los niños necesitan ver que su madre tiene otra edad, que es «vieja» en cierto modo. Es preciso ver la mueca de una niña, pequeña o grande, cuando le dicen que se parece a su madre. Y, si no manifiesta nada, es que es muy educada... Sin duda, los niños prefieren tener a padres en forma y felices, están contentos de que su madre sea bonita y su papá deportista, pero con la condición de que permanezcan en su lugar de mayores: eso les permite crecer sin obstáculos, tener espacio ante ellos, sin rivales molestos, demasiado próximos y demasiado queridos.

Pero hoy en día las fronteras entre generaciones andan revueltas. Una madre de treinta y cinco años puede tener el aspecto y la pinta de una estudiante, y un «padre joven» que ha rehecho su vida puede tener cincuenta años. Eso exige todavía más rigor en las funciones de todo el mundo para que la vida familiar sea muy armoniosa. Cuando los padres quieren ser demasiado cómplices, los niños al crecer encuentran en seguida esta «falta» contra el orden de las generaciones. Aunque no puedan decirlo porque a menudo encuentran en ello ventajas secundarias a las que no están dispuestos a renunciar, se oyen quejas en este sentido en las consultas de los psicólogos. Consideran patético que sus padres sean demasiado amigos: cuando una madre se viste como una adolescente o se hace notar entre los amigos de su hijo; o cuando un padre despliega su numerito de tipo encantador con las amigas de su hijo.

Es mejor subrayar la distancia entre generaciones, más que alisarlo todo en nombre de la armonía familiar. Estas divergencias, vividas serenamente, tranquilizan a los niños sobre el orden de las cosas, con la condición, no obstante, de que los padres asuman tranquilamente el hecho de envejecer.

Se puede mostrar en la vida cotidiana, dando su opinión propia, con sus propias palabras. Sería ridículo adoptar el mismo vocabulario que su hijo con la esperanza de ponerse a su nivel o comunicarse mejor con él. Ante una palabra particularmente vulgar o argot que tanto agrada a los niños, es preciso subrayar: «¡Esta expresión es muy soez!». Si los límites están bien marcados, el niño se siente confortado por la diferencia y por haber atraído la atención a través de su provocación. No necesitará ir más lejos. Es inútil encarnizarse por compartir las mismas referencias culturales que ellos. Por el contrario, se puede constatar y decir regularmente que las dos generaciones no siempre tienen los mismos gustos, y que es legítimo. Interesarse por sus hijos y ocuparse bien de ellos no supone entrar en su universo, ni adoptar los mismos códigos. En resumen, estemos pasados de moda, ¡y a mucha honra!

# Lo esencial

En la actualidad asistimos a una crisis de confianza de los padres en su papel de adultos y educadores. ¿Estamos ante una inversión de los papeles en la que los niños serían los modelos de sus padres?

No es fácil cumplir su función educativa, hoy en día mucho menos que ayer: se necesita tiempo, energía, voluntad y convicciones pedagógicas, lo que supone a veces establecer prioridades en la vida.

Para crecer, los niños necesitan tener padres que se sitúen en la generación de los adultos, felices y orgullosos de serlo.

# Practique la resistencia

**A la salida de la escuela, remolonea y regresa lo más tarde posible, escapando a la vigilancia de los adultos. Querría estar viendo la tele hasta la madrugada, salir por la ciudad con su pandilla de amigas...**

## La autoridad tranquiliza y permite la confianza

Todos los seres humanos están dominados por sentimientos ambivalentes de amor y de odio, y por impulsos agresivos, que si no se dominan se despliegan cada día más. La educación consiste justamente en aprender a controlarlos, respetando a los demás para vivir en sociedad. Y no se debe llegar a confundir con la autoridad, que es la instauración de reglas por el bien de todos y la armonía de la sociedad, y que sufrieron generaciones anteriores (existen abundantes testimonios de ello en la literatura). Pero hoy en día, el riesgo contrario parece aún mayor.

En particular, a los padres, cuyo papel «tradicional» era ejercer la autoridad, no les apetece en absoluto cargar con este. Se ha vuelto mucho más valorado (¡y valorizado!) mantener con los niños relaciones basadas en la complicidad y el juego. Además, eso les permite dejarse llevar por su deseo de volver a ser jóvenes. Renunciando a la autoridad necesaria para imponer las reglas de vida, los padres no se hacen respetar ni enseñan el respeto a los demás, niños o adultos. Sus niños no aprenden a no tocar las cosas de los demás, a no molestar, a dirigirse a los adultos de modo distinto del que utilizan con sus amigos. Se acostumbran a «aplicar la ley» sin escollos. Y se invierte la relación de fuerza. Los adultos se dejan invadir hasta el punto de que esta impotencia los deprime: «Sí, es cierto, no funciona... Pero ¿qué puedo hacer?». Es lo que dicen los padres de la pequeña Carlota de diez años, adulada por su familia. Desde hace varios años, a sus padres les costaba limitarla. Cuando a los diez años ya no obedece a nadie ni se inmuta cuando insulta a su madre... ¡se convierte en un problema! Sus padres se reprochan entonces mutuamente no

haber sabido criarla, e incluso llegan a no enten-
derse. El ambiente de la casa se vuelve irrespirable.

La libertad de cada uno necesita sus límites para
expresarse. Cuando no existen, genera violencia,
tanto en la familia como en la sociedad. Ejercer la
autoridad es contener y proteger a los niños de los
peligros de la vida. Por eso acostamos a un bebé en
una cuna para que los bordes impidan que se caiga
y se haga daño. Cuando crece, el niño intenta saltar
los barrotes, para ir a descubrir el mundo, es decir, su
habitación. Se le promete entonces que un día
tendrá una cama grande sin barrotes. Este momento
se produce cuando es a la vez consciente de sus
nuevas posibilidades de independencia (levantarse
por la mañana para jugar con las piezas de un juego
antes de que se despierten los padres, etc.), de la
responsabilidad que va relacionada con esto (por
ejemplo, no pasearse por la casa de noche, con el
riesgo de caerse por las escaleras a oscuras), y también la confianza que sus padres tienen en él. Esta
confianza se establece cuando se respetan las reglas establecidas.

Cuando no hay autoridad, no hay ni reglas ni límites. Cada vez más se constata la falta de límites
en educación, y de su corolario, la confianza.

A menudo las maestras recurren a los psicólogos porque no logran dominar a algunos niños, ni instaurar con ellos una relación de confianza. Sospechan que existen dificultades psicológicas. En realidad, esos niños no tienen una patología, sino simplemente carecen de referencias, porque los mensajes educativos de sus padres son borrosos, contradictorios o inexistentes.

## Los límites crean el deseo, abren horizontes

No siempre es fácil poner un límite, pero eso no significa forzosamente privar a los niños. Así, se puede prohibir algo diciendo: «No estoy de acuerdo con que veas este programa», proponiéndole algo distinto en su lugar: «Pero, si quieres, podemos alquilar un vídeo o DVD que escogeremos juntos». ¡Y funciona! Porque los niños de ocho a doce años no necesitan todavía enfrentarse a sus padres para diferenciarse. Por el contrario, no quieren que nadie sufra por ellos y desean también evitarse problemas. La película propuesta por los adultos, además de estar adaptada a ellos, tiene muchas posibilidades de agradarle. Esto cambiará precisamente en la adolescencia, porque los retos serán distintos. La elección de los padres nunca será válida, ya que procede de ellos, y por lo tanto es absolutamente necesario desmarcarse de estos.

Sería una lástima no aprovechar la fase de latencia para plantear esos límites, en el momento en que sea más fácil, cuando se pueden hacer otras propuestas, abrir otros horizontes para los que el niño está dispuesto a entusiasmarse.

E incluso si el límite planteado engendra frustración, ¡tanto mejor! En efecto, este sentimiento, en dosis moderadas, es positivo, ya que es donde subyace el deseo. Los padres de Pablo han resistido durante mucho tiempo a las peticiones de su hijo que quería una videoconsola, como sus compañeros. Finalmente, cuando cumplió diez años, obtuvo la preciosa máquina. ¡Es decir seis meses de sueño y de espera ofrecidos de una sola vez!

No dejar nunca a los niños el tiempo de desear mata el deseo, y los que en su infancia no han experimentado limitaciones a sus deseos se muestran hartos y desencantados.

Para crecer también se tiene que aprender a renunciar a algunas satisfacciones. El bebé ha aprendido a contenerse para ir al orinal, y ha desarrollado al mismo tiempo las capacidades motoras que le han ayudado a ir a descubrir el mundo. El niño a quien su madre ya no acompaña todos los días a la escuela ha tenido que aprender a separarse de ella por la mañana, pero en seguida ha aprendido el placer de remolonear ante los escaparates o incluso de parar en el quiosco a comprarse tres caramelos. Atizar de ese modo sus deseos les dará deseos de avanzar, y ¡crecer verdaderamente!

Cuando se inicia el proceso de adolescencia, los límites serán más que necesarios. Porque a los adolescentes no les gustan los límites «templados». Lo que los confortará sobre su capacidad para convertirse en adulto es la confrontación, haciendo caer los límites de la infancia uno después de otro. Si no, ¿qué les queda por conquistar?

## El arte de decir no

Para imponer su autoridad, afirmar sus límites, mantener las prohibiciones, es preciso estar seguro de sí mismo y de su papel educativo. Eso significa haber reflexionado un poco antes sobre las cosas a las que tenemos apego, que pueden ser muy diferentes según las familias: la educación o la solidaridad, el equilibrio de la vida o el gusto por el riesgo, la obediencia o el espíritu crítico. Eso exige también, y quizá por ello sea todavía más difícil, saber mantener sus principios.

Todo empieza con cosas insignificantes. Desde su más tierna infancia, durante la famosa etapa del «no», muchos padres renuncian a exigir lo que sea a sus hijos. Simplemente porque no ven el interés en hacerlo. ¿Acaso lo esencial no es ser feliz, disfrutar de los niños durante esos escasos momentos juntos? Entonces, cuando el bebé desde su trona patalea porque quiere su tercera galleta que su mamá le niega, primero dice blandamente: «No, así ya basta». Pero al cabo de quince segundos de gritos convencidos, piensa: «¿Para qué? No hay para tanto». Es cierto que no es muy grave ceder por esa nadería. Pero lo más importante es que la madre no se atreve a afirmarse en ese momento, carece de convicción ante esa minidecisión educativa y necesitará más tarde mucha más energía y ánimo para rechazar o exigir a un niño de diez años lo que ha cedido o no ha negado a un bebé de dos años. Además, si la misma madre, según su humor, su cansancio, batalla para que la obedezcan un día y capitula de inmediato al día siguiente, el niño no sabrá qué hacer ante unas reacciones tan imprevisibles. ¡Y seguro que sabrá como aprovecharlo!

A los ocho o diez años, cuando los padres piden a su hijo que se quede sentado durante la comida familiar, una, dos veces sin éxito, y acaban por renunciar a ello con el pretexto de no estropear el único momento en que la familia se reúne por conflictos sin importancia, se repiten los mismos retos.

En efecto, no tiene la más mínima importancia levantarse de la mesa si los padres lo deciden así. ¿Pero cómo aprenderán a obedecer los niños por las cosas importantes, si nunca tienen oportunidad para ello?

Cuando un niño no ha integrado hacia los tres o cuatro años un determinado número de reglas en su familia, serán más difíciles de imponer más tarde. Se convertirá en uno de esos «reyecitos» o «salvajes» que denuncian cada vez más los educadores desbordados en las escuelas. Son niños incapaces de dominar su agresividad, que golpean a todo el mundo a la hora del recreo, que insultan a los que se oponen a ellos, que no se hacen querer y, por consiguiente, se sienten desgraciados.

## Los beneficios de los conflictos

Si las virtudes de los límites se olvidan a veces es porque los conflictos que suscitan tienen mala fama: ¡son temibles! Y, no obstante, existen conflictos sanos, de los que todo el mundo sale reforzado y más seguro de sí mismo. ¿Qué es un conflicto sano? Es el conflicto en el que se puede hablar libremente, claramente; afecta a una situación determinada, tiene un principio y un final, y por lo tanto no envenena la vida mucho tiempo. A veces es mejor que nuestros hijos nos aborrezcan un rato si pensamos que es bueno para ellos o para uno mismo.

Es el caso de Lea, de diez años, que no se saldrá con la suya. Su madre no ha dejado que vaya al cine con sus dos amigas, a las que «dejan ir solas». Lloros y rechinamiento de dientes. Este rechazo, bien explicado por la madre, suscita naturalmente la cólera de la niña, pero no por ello deja de ser reconfortante, incluso estructurante. Lea se siente enmarcada, protegida, pase lo que pase.

A menudo, en el secreto de la consulta del psicólogo, los niños que saben que pueden conseguirlo todo de sus padres confiesan que lo lamentan. Apuntan esta actitud como una debilidad. Por el contrario, los niños en conflicto con sus padres, más allá de las recriminaciones, muestran a veces una determinada admiración por ellos, por sus convicciones, por su forma de posicionarse. Aunque está claro que no dirán nada de ello ante los interesados: «Prefiero que papá me riña, por lo menos sé lo que piensa», reconoce Francisco, de once años.

Más allá de un poco de mal humor, el afecto se mantiene después del conflicto, y nada impide imaginar otra actividad después. Con la condición, no obstante, de que los niños hayan aprendido a soportar la frustración. Esta educación empieza cuando el bebé, por ejemplo, espera su biberón algunos minutos y se chupa el pulgar para atenuar la sensación de hambre; o cuando el niño pequeño se duerme solo apretando a su osito contra su pecho, para «sustituir» a mamá ausente en el momento de decir buenas noches. Todo el mundo tiene que descubrir a su manera, al hilo de las experiencias vividas, sus recursos internos para triunfar sobre las dificultades, y satisfacerlas. Así, la vida es una serie de frustraciones, pequeñas y grandes, que ayudan a crecer. Si nos bloqueamos con eso, si no intentamos rodear el obstáculo e inventar otras formas de ser felices, se corre el riesgo de no serlo jamás.

Sin embargo, nuestra sociedad de superconsumo no ayuda a los padres, ya que predica continuamente lo contrario e intenta convencer a pequeños y mayores de que la felicidad es obtener todo lo que se desea y de inmediato. En este contexto de escalada permanente es muy difícil e ingrato para los padres ir siempre a contracorriente, fijar límites, soportar conflictos, provocar la frustración. Además, los deseos de los niños de esa edad están muy a menudo al alcance del presupuesto de los padres. ¿Para qué negarle unos vaqueros nuevos, otro CD, si lo pueden comprar sin demasiado sacrificio, y eso les hace felices? Si se rechaza o prohíbe sin sentirse culpable, se requiere, además de una auténtica convicción, un pequeño esfuerzo de explicación para darle sentido sin entrar por ello en interminables justificaciones. Todos los padres tienen sus prioridades: es la oportunidad de expresarlas, de decir lo que piensan, de proponer su versión de los acontecimientos, sus razones para estar en contra, sin olvidar estar «a favor» en algunos casos, por supuesto.

Es preciso afirmárselo: no se es un mal padre si se ponen límites a los hijos, y no por ello dejarán de quererernos, ¡al contrario!

## ¡No a la dictadura de los medios de comunicación!

No se trata de vivir fuera de la modernidad y de prohibir pura y simplemente la televisión, el ordenador, la música electrónica, los videojuegos, etc. Ninguna de estas herramientas es mala por sí misma, y si los niños no las tienen en su entorno, no podrían aprender a usarlas. La educación consiste en hacer un buen uso de ellas, en obtener el mejor provecho de todo evitando lo peor. Para ello, a veces se tendrán que poner límites y prohibiciones, para evitar que ejerzan una dictadura en las mentes, el uso del tiempo y la vida familiar.

Si se considera, por ejemplo, que las series de culto de los quince-dieciocho años, difundidas por televisión en las horas de regreso de la escuela primaria, no están adaptadas a las niñas de ocho años, que podrían tener deseos de verlas porque se habla mucho de ellas en la escuela, es preciso ser valiente y decir: «No, no es para ti; la verás cuando seas un poco mayor». A su pesar, esta prohibición protege al niño de cuestiones y preocupaciones para las que todavía no tiene medios para asimilar, con la inteligencia y las emociones de su edad. En el mejor de los casos, se puede incluso suponer que, al esperar, la ausencia de imágenes en las secuencias que le expliquen sus amigas le permitirá ejercer su imaginación construyéndose en la cabeza una historia de princesa y príncipe encantado a su medida, ¡no contaminada por una dimensión sexual que la supera!

Los padres tienen el derecho y el deber de prohibir a veces, pero también pueden utilizar estas prohibiciones como punto de partida para otras cosas más positivas. Es el caso de una madre que acababa de negarle a su hija que viera un programa de televisión. Al verla llegar a la cocina, con una mueca de enfado, tuvo la idea de proponerle hacer un pastel juntas. La niña, feliz, confesó que había salido ganando con el cambio. Sin duda, todas las prohibiciones no terminan de forma idílica. Y, por supuesto, no siempre es posible todos los días tener tiempo disponible y la contraoferta adaptada. Pero si esta madre logró darle la vuelta a la situación, es porque tenía la convicción de poder aportar algo a su hija con sus propuestas. Aunque fuera la primera sorprendida por las reacciones positivas de su hija. Es el encanto de la edad...

Muchos niños, a partir de los ocho o diez años, pegados a sus auriculares en la intimidad de su habitación, son asiduos a programas de noche de las radios «jóvenes». Destinadas en principio a los adolescentes, abarcan un público mucho más joven, que busca informarse sobre sexualidad. La curiosidad en este campo es totalmente normal, pero se trata de lo que los especialistas denominan «la confusión de las lenguas». Las respuestas que dan estos programas no afectan a niños que no han llegado a la pubertad, sino que se sitúan en el registro de la sexualidad actuada. Los animadores, a veces al límite de la perversidad, con un lenguaje extremadamente crudo, evocan realidades que los trastornan mucho, y no por ello responden a sus preguntas.

Sería necesario que los padres de niños asiduos a estos programas se tomaran el tiempo de escucharlos, forjarse una opinión. Para acompañar los descubrimientos de la sexualidad es preciso saber transmitir al mismo tiempo los valores que les dan sentido. Que hablen de ello, que digan lo que piensan del amor, con sus palabras, para contrarrestar las vulgaridades oídas. Y si, decididamente, los padres no están de acuerdo con que sus hijos escuchen estos programas, tienen derecho a decírselo, explicándoles por qué.

# Lo esencial

La autoridad, las prohibiciones, incluso las sanciones, dispensadas y bien dosificadas con justicia, forman parte de la educación y regulan la violencia.

En nuestra sociedad son más difíciles de ejercer; por lo tanto, requieren un mayor esfuerzo y más vigilancia por parte de los padres.

Ante las variadas propuestas que tienen los niños de ocho-doce años, se tiene que hacer una elección, y esto todavía atañe a los padres.

# Capítulo 4

# El deber de asistencia y protección

**Tiene nueve años, acude sola a las citas con la psicóloga, vestida con una minifalda. Está encantadora, extremadamente sexy. Él tiene diez años y vive con su madre: él es quien transmite los fines de semana los mensajes entre sus padres, él es quien escucha a su madre quejarse y negocia los cheques con su padre.**

## Los niños no son responsables de sí mismos

Cuando las pretensiones de jóvenes independientes y maduros son demasiado elevadas, es fácil olvidar preservar su despreocupación infantil. Con la ordenanza de 1945 sobre la protección de menores, los niños no son en ningún caso responsables de sus actos antes de la edad de trece años. Toda medida tomada por la justicia a su respecto tiene sólo un objetivo educativo. Son sus padres los que son responsables y quienes se exponen a sanciones o a multas en caso de delito de sus hijos. Los adultos pueden recordarlo y recordar también que esta es la razón que fundamenta el derecho y el deber de los padres a decidir, a imponer reglas, a dictar normas.

Ser responsable de sus hijos es protegerlos de las consecuencias de sus actos. Aunque puedan contestarlas, es profundamente reconfortante para ellos saber que, mientras son niños, siguen bajo el control de sus padres, y los padres asumen esta responsabilidad legal.

Así, es normal que los padres de un niño de menos de doce años sepan siempre a dónde va y con quién está, y fijen una hora de regreso a casa. Salvo excepciones reconocidas como tal, un niño no debería frecuentar bares, ni cines, ni desplazarse solo por la noche, y aún menos deambular por las calles. Incluso se puede considerar como un delito de vagabundeo del que sólo los padres son responsables. Además, para su desarrollo, los niños de ocho a doce años no necesitan este tipo de libertad. No los ayuda a crecer, aunque puedan reivindicarlo como los mayores. En cambio, en la adolescencia aparecerá la necesidad real de distanciarse de los padres, escapar a su control, aspecto al que habrá que enfrentarse.

## La sexualidad de los niños es distinta de la de los adultos

Vivimos en una sociedad en la que la sexualidad está omnipresente. Los niños se enfrentan a este tema todos los días. Pero no sienten las cosas del mismo modo que los adultos y no tienen todas las claves para su comprensión.

Es el caso de esas niñas que se disfrazan de adolescentes sexy o de mujercitas para conformarse a los modelos propuestos por la moda y que ofrecen una imagen que no es la realidad que sienten en su interior. Pero no tienen conciencia de lo que su aspecto externo pueda provocar, en particular en los hombres. Porque no han tenido todavía la experiencia íntima de las emociones, de la excitación sexual. Tienen todavía una actitud infantil, en la que predomina la necesidad de ternura y reconocimiento. Esta espera puede ser recibida por otras personas como una llamada de deseo, de complementariedad. Entonces puede suceder que de repente se tenga que enfrentar a un deseo sexual, y se sienta profundamente herida por ello. Son las madres las que deben explicar a sus hijas, con palabras apropiadas a su edad, que su ropa y su actitud pueden despertar el deseo de los hombres. Son ellas también las que tienen que hablar de pudor, de intimidad, de decir por qué no debe exponerse así el cuerpo, citar los riesgos. Ellas son las que, si es necesario, deberán imponerse para protegerlas: «No, no quiero que lleves una minifalda para ir por la ciudad; ya te la pondrás en la playa».

Las niñas de ocho a diez años también juegan a estar enamoradas, como las adolescentes. Han sentido hacia niños, y al revés, una gran atracción en el parvulario. Estos sentimientos eran reales, cargados de emoción, completamente independientes de los demás y subyacentes a la curiosidad sexual inherente a la primera infancia. Era el momento del «tengo pipí», de jugar a «papá y mamá» o a «médicos», que servían para descubrir el otro sexo. Pero durante el periodo de latencia, la curiosidad sexual infantil se sacia en general. Todavía no es el momento de la adolescencia, en la que la cuestión de la sexualidad ocupa el primer plano, y por ahí mismo la búsqueda del otro como objeto de amor. Tampoco es necesario que los padres den a sus historias una importancia que no tienen. Si hablan de sus chicos, no deben hacerse comentarios atrevidos, ni de interés fuera de lugar, sino quizá una conversación ligera para explicar la diferencia entre el amor y la amistad, o simplemente el placer de seducir.

En los niños, se trata esencialmente de competición y rivalidad entre ellos. No es tanto para estar con las niñas, que todavía no les dicen gran cosa, a las que coleccionan como «conquistas femeninas», sino más bien para asombrar a sus amigos. Hasta los ocho o diez años, coleccionan preferentemente cochecitos. ¡Después, como sugieren las series de televisión que les gustan, son los besos «en la boca» de las niñas lo que coleccionan! ¡Es la proeza del *gallo* del pueblo! El placer no radica en el hecho de besar a una chica, sino en conseguirlo… y las niñas se sienten aduladas por seducir, por ser por un momento el centro de interés.

## Los niños tienen que estar protegidos de la pornografía

Las imágenes pornográficas son muy chocantes para un niño de ocho años. No lo entienden, no pueden concebir los impulsos de un cuerpo adulto, y no sienten las mismas emociones. La sexualidad de los adultos les es ajena, y las representaciones que ven, en esta forma pornográfica, sólo pueden trastornarlos. Un niño pequeño, con un pene pequeño, sólo puede sentir inquietud ante la foto de un hombre en erección. Las niñas de la misma edad, con su representación bucólica del amor, también se sentirán muy trastornadas. Los niños de esa edad no se sienten atraídos naturalmente por las imágenes pornográficas. Si de repente les caen entre las manos, sienten un poco de curiosidad al principio: después, asqueados, las apartan en seguida. Todavía no han entrado en el universo de la sexualidad adulta y necesitan, por tanto, estar protegidos de ella. Además, los padres que tengan la costumbre de ver películas en familia deberían vigilar que no aparezcan imágenes pornográficas. Sin embargo, muchos profesores cuentan que los pequeños hacen comentarios entre ellos el lunes por la mañana sobre la película «del sábado por la noche». Asimismo, los adolescentes se pasan gustosamente vídeos o DVD o direcciones de internet de sitios porno. Se tiene que vigilar que los hermanitos o hermanitas no se aprovechen de eso.

Si nos damos cuenta de que nuestros hijos han visto este tipo de imágenes, es inútil enfadarse o asombrarse. Eso añadiría a su trastorno el desasosiego de sus padres. Pero es imprescindible hablar de ello, dar su opinión: poner palabras y emociones a esas imágenes, explicar que no se trata de un amor verdadero y que existen otras formas de hablar de ello, diferenciar la sexualidad y la pornografía. Eso los confortará. Por último, a fuerza de hacer que los niños sean adultos en miniatura en una sociedad muy sexualizada, se corre el riego de centrar en ellos el deseo, hasta favorecer el paso a las acciones de pederastas, que provocan grandes traumatismos en niños agredidos.

## La lucha contra la violencia

Los niños están sujetos a la violencia en la realidad, pero también a través de las imágenes de los telediarios, de las películas de terror, los juegos hiperrealistas. A esa edad, no siempre diferencian bien la ficción de la realidad.

Del mismo modo que los padres intentan que los niños se aparten de las acciones violentas, es preciso también protegerlos de las imágenes violentas, ya que es fácil que puedan dañarlo. Por lo tanto, los padres deberían controlar lo que ven sus hijos de ocho-doce años, limitar e incluso prohibir. Y no como un castigo, no para atizar el deseo de la espera, como antes, sino por deber de protección. Deberían explicar por qué esas imágenes son perjudiciales, que pueden dejar huella en forma de pesadillas, de angustia y que pueden perseguirlos largo tiempo.

Eso significa hacer el esfuerzo de informarse bastante sobre lo que ven los niños, conocer el contenido de los programas, lo que sucede pocas veces. Se tiene más bien tendencia a que los niños se queden solos con la canguro ideal, absorbiendo imágenes que, a nosotros, ¡no nos dicen nada! Más que dejar a los niños así solos ante el televisor, desenvolviéndose como puedan con sus miedos, es mejor hablar con ellos. Poner uno mismo palabras a las emociones sentidas los ayuda a reconocer y a entender sus impresiones, apoyándose en el vocabulario y la experiencia de los padres.

De vez en cuando se puede ver con ellos lo que les gusta para hablar de ello, ver qué intereses tienen. Son oportunidades de diálogo muy interesantes. No debemos dejarnos impresionar por el aspecto sobrado que a veces adoptan nuestros hijos: «No, no pasa nada, hemos visto otros...». Porque a menudo se sienten fascinados por la violencia. Intentan conjurar su miedo obligándose a mirar imágenes terribles, para blindarse.

Pero como saben que esas películas violentas no agradan a los adultos, se las arreglan para verlas solos o con amigos. Nadie entonces está allí para contener las impresiones que sienten, diferenciar la realidad de lo imposible, pronunciar palabras reconfortantes sobre las imágenes. De ahí la necesidad de conversar regularmente con los adultos. Cuando se lleva dentro una gran angustia, sólo se pide poder hablar de ella.

Los videojuegos u ordenadores en particular son a menudo muy violentos y muy realistas. Los padres los miran pocas veces porque no les interesan en absoluto... ¡o les dan miedo! Algunos ejemplos, entre muchos otros: el objetivo, al volante de un coche virtual, es perseguir al contrario. Cuando se consigue aplastarlo contra una pared, brota la hemoglobina virtual. La finalidad también puede ser montar una red de proxenetismo a través del mundo, reclutando a víctimas ficticias con todos los medios posibles, etc. Estas imágenes violentas banalizan comportamientos que no deberían ser banalizados. No es nada sorprendente que los niños, perdidos entre realidad y ficción, reproduzcan entonces esos comportamientos, y no sepan ya muy bien dónde están el bien y el mal.

Debido a esta violencia, algunas asociaciones familiares se han movilizado para lograr que los juegos se etiqueten por edad. Pero el resultado obtenido es a veces contrario a la loable intención. Los niños que se sienten mayores no quieren juegos para «bebés» y se abalanzan sobre los que llevan la etiqueta de «A partir de catorce años» o para adultos.

Sin embargo, todavía sienten el placer de ir con un adulto a escoger un juego. Eso permite preguntar al vendedor, cuyas palabras pueden pesar en la elección de juegos que no sean tan violentos. Porque también existen buenos juegos de vídeo, aunque los niños no los escojan espontáneamente. Si los padres dedican un poco de tiempo a encontrarlos, los niños acabarán por interesarse por ellos. ¡Y quizá incluso lleguen a interesar a sus compañeros! En fin, siempre existe una tercera vía por explorar entre el deseo inmediato del niño y el rechazo de los padres, con la condición de que se busquen varias soluciones.

Existe el mismo peligro en internet, que a menudo adopta el mismo papel de canguro silencioso. Cuando los niños empiezan a navegar o a chatear en la red, aunque se sientan técnicamente muy a gusto en ella, eso no los dispensa de saber «a dónde van» y dar su opinión sobre los sitios web, los foros de discusión visitados. Y deberán recordarse regularmente las consignas básicas: nunca dar su nombre ni dirección, mantener una mente crítica, controlar el tiempo, etc.

## Los problemas de los padres no conciernen a los niños

Aunque los padres y los niños vivan hoy en día de forma muy próxima, aunque a los ocho-diez años parezcan capaces de entender mucho y soportarlo todo, los padres deberían proteger a sus hijos, y no compartir sistemáticamente todos los problemas con ellos. Quizá estos tengan un exceso de información sobre algunos temas de actualidad, y se pueden sentir agobiados por problemas que los superan. En general, se trata de las dificultades familiares y conyugales de las que los niños oyen hablar mucho. Los preocupan profundamente, porque perciben la angustia de los padres, se ponen a dudar sobre su solidez, que es la base de su propia tranquilidad interior. Y además, como se sienten totalmente impotentes para arreglar esas dificultades, esta incapacidad bloquea su vida, «bombea» su energía inútilmente e impide que se desarrollen e interesen por otras cosas. No es cuestión de esconder nada a los hijos, sino de decirles lo mínimo sobre temas que no los atañen. Y no pueden actuar. Eso evita pedirles implícitamente llevar una parte de la carga o tomar partido por el padre o la madre.

En cambio, lo que interesa a los niños y lo que necesitan saber es lo que los afecta directamente. Si los padres de Nicolás se separan, es inútil que su madre le hable mal de su padre, o de sus engaños, pero es imprescindible explicarle cómo se organizará la vida diaria. Se pueden escuchar sus preferencias (quedarse en el barrio para mantener a los amigos, seguir jugando al fútbol el domingo por la mañana con su padre, etc.) sin que el peso recaiga sobre él (¿prefieres vivir con papá o con mamá?), porque sería una responsabilidad demasiado pesada. Estas decisiones deben tomarse entre adultos con la ayuda de un tercero, mediato o juez.

## A cada cual sus propias dificultades

La segunda infancia es una etapa bastante serena. Quizá, no obstante, plagada de dificultades, a menudo mínimas. Los padres a veces omiten muy deprisa las quejas de sus hijos, barriéndolas con pocas palabras: «No es tan grave...». Y aunque, muy a menudo, no es tan grave, es preciso tomarse el tiempo de escucharlos verdaderamente, entender lo que pasa. Porque los pequeños problemas pueden generar auténticos sufrimientos, que es bueno tener en cuenta antes de que crezcan y se enquisten en la adolescencia.

Grandes clásicos a esta edad: las dificultades escolares, las relaciones entre hermanos o con los amigos, que se traducen en lamentos, enfados o «pupas» físicas. En este momento del desarrollo del niño, los padres a menudo están muy bien situados para entender y desenredar las cosas. Porque las relaciones son distendidas, los niños confían en ellos y sus palabras tienen peso en ellos. Por lo tanto, pueden confiar en sus propias capacidades sin necesidad de recurrir sistemáticamente a un tercero. Se puede decir tranquilamente al niño que se pasa el tiempo discutiendo con su hermana: «No eres ni malo ni pesado, pero seguramente algo no funciona para que tengas siempre esta actitud. Hay que encontrar lo que te hace tan desgraciado, podemos intentarlo juntos». Para encontrar lo que no funciona, a veces son necesarios varios intentos. Algunas veces, las razones del malestar son tan evidentes para los padres que se precipitan y se centran en ello… ¡tan de prisa que no cambia nada, porque no era el núcleo del problema!

El tiempo es un elemento importante. Si se intena ayudar a un niño y al cabo de un mes no se ha tenido éxito, si se tiene la impresión de haber abordado el problema desde distintos puntos sin lograr nada, entonces es preciso pedir ayuda. A veces una o dos consultas al psicólogo bastan para salir de una situación que parecía confusa. ¡Sería muy extraño que el niño o su familia se embarcaran en años de análisis!

## La queja perpetua

Los psicólogos visitan a menudo a niños que no paran de quejarse. Dolor de barriga, dolor de cabeza, dolor en todas partes. Efectivamente, esas pupas no requieren buscar al médico cada vez. Pero, cuando eso se repite cíclicamente, los padres deben plantearse algunas preguntas: ¿qué puede causarle problemas en su entorno? Se trata a menudo a esa edad de disputas, historias de celos, burlas, en la escuela, entre amigos o amigas. Los padres pueden hablar de ello, mostrar su comprensión, explicar o sugerir las claves de explicación, dar pistas sobre sus soluciones: «¿No crees que es tan desgraciado como tú?»; «¿Y si das el primer paso?». Los niños encuentran una auténtica confortación en la palabra de los padres. El mal puede manifestarse también en forma de grandes enfados o largos enfurruñamientos. Los niños se ponen fuera de sí sin razón aparente. Una vez más, la palabra serena y comprensiva de los padres o de otro adulto puede ayudar a relativizarlo todo.

Cuando un niño nunca está contento y se queja todo el tiempo puede tratarse de un problema de celos. Es preciso entender por qué. Los que reclaman todo el tiempo, que nunca tienen bastante, aunque estén muy mimados, expresan así una reivindicación afectiva, que es preciso tener en cuenta antes de darles siempre todo lo que piden.

Algunos niños se sienten rechazados en clase, y se convierten en un blanco privilegiado. Los padres deben entonces tener el valor de no negarlo, y ponerse decididamente junto al niño, afirmando: «Siempre hay soluciones para mejorar la situación, las encontraremos». El profesor puede ser un valioso aliado para descifrar lo que pasa. Pero más que buscar culpables entre los niños de la clase, es mejor preguntarse por qué el comportamiento del niño o su forma de comunicación ponen nerviosos a los demás: ¿es demasiado introvertido o, por el contrario, adopta un aire demasiado fanfarrón? Aquí es donde debe actuarse, y la ayuda de los padres puede hacerle tomar conciencia de lo que él puede cambiar para ser más feliz.

## La disminución del rendimiento escolar

El periodo de latencia, como se ha visto, es propicio a la curiosidad intelectual. Los niños, que trabajan hasta el momento esencialmente para que sus padre estén contentos, empiezan a descubrir un placer personal. Este se establece progresivamente con la edad, y es importante estar atentos a su desarrollo. Porque si la motivación no llega a los ocho-doce años, ¡tampoco llegará con la adolescencia!

Las dificultades pueden prolongarse y acentuarse entonces. Por lo tanto, si un niño no muestra ya un determinado placer en lograrlo por sí mismo, al menos en algunos campos, o si los resultados se desploman bruscamente, es que existe algo por lo que los padres tienen que preocuparse. ¿Le afecta un problema de los padres? ¿Su falta de motivación está relacionada con el hecho de que sus padres se desinteresen totalmente de su trabajo escolar? O por el contrario, ¿esperan tanto de sus resultados que le quitan todo deseo de esforzarse?

Debemos formular la misma pregunta si un niño es incapaz de concentrarse. A los diez años, tiene que ser capaz de leer un cómic hasta el final, o incluso de escuchar en clase en silencio durante media hora.

Por último, los trastornos del sueño, muy escasos a esa edad, deben tenerse en cuenta seriamente.

## El robo, las mentiras y la fabulación

A esta edad se trata de resbalones frecuentes, pero que no justifican que se etiquete al niño de mentiroso o ladrón.

## ¡No, todavía no eres adolescente!

Deben distinguirse varios casos. Un niño que esconde sus notas actúa más bien por miedo. La solución es entonces darle confianza y apoyo escolar.

La fabulación es más bien una idealización de la realidad. El niño inventa, añade, porque encuentra que su vida no es tan intensa como la sueña. Es el caso de Guillermo, de ocho años, que cuenta a un amigo que caza bestias salvajes con su tío. Sin tomar demasiado en serio el asunto ni encerrar al niño en su mentira, es preciso recordarle la realidad. A los ocho o diez años, se puede distinguir entre la realidad y la imaginación. Se trata de restos del poder infantil, cuando el pequeño de tres años creía que bastaba con desear algo muy fuerte para que se cumpliera.

En cuanto al robo, el pediatra Winnicott resume de este modo su teoría: «Un niño que roba busca a su madre». Una forma de decir que intenta recuperar en especies lo que no ha recibido en afecto, atención, regalos. Eso no significa que su madre sea por fuerza mala, sino que el niño, en su percepción, tiene el sentimiento de que no le ha dado bastante. Eso se traduce en sisas de caramelos en el quiosco, o dinero en el monedero de los padres. Sin negar la realidad del hurto, es necesario ver en eso que algo no funciona, entender lo que le falta al niño para que sea feliz.

# Lo esencial

Nuestro mundo puede ser agresivo y peligroso para los niños. El deber de los padres es protegerlos.

La violencia, la pornografía, la inmersión demasiado rápida en los problemas adultos hieren a los niños.

Algunas dificultades frecuentes a esa edad son benignas, con la condición de saber reconocerlas y ayudar a los niños a superarlas antes de la adolescencia.

# Capítulo 5

# ¡Stop a la competición!

Parece perfecta, esta chiquilla que ya vigila su línea y se preocupa cuando no es una de las cinco primeras de la clase. Su vecino, en cambio, tiene unas notas catastróficas, alborota y molesta a los compañeros. Es porque lo entiende todo en seguida, dice, y se aburre después.

## El culto de la eficiencia

Es la palabra clave de nuestras sociedades occidentales: ser el primero, el más fuerte, ir por delante de los demás, hay que quemar etapas. La competencia arrasa en todas los ámbitos, con el marcado objetivo de la excelencia en todos los campos. Hay que ser rico y famoso, figurar en todos los carteles, ganar todos los retos y mercados de la escena internacional, etc.

## ¡No, todavía no eres adolescente!

Los adultos están atrapados en esta huida hacia delante, porque saben perfectamente qué competencia feroz reina a veces en la vida profesional. Quieren darles todos los recursos a sus hijos para que no se queden atrás y que salgan de todo lo mejor posible, es decir, por arriba.

Todo pasa por la rapidez, el éxito en la escuela y la comodidad en la vida social. El culto a la perfección y, peor aún, la angustia del fracaso escolar se viven desde el parvulario, donde este aspecto se consigna en los balances de competencias y desarrollo de los niños de tres años, para descubrir las eventuales dificultades que podrían retrasar el progreso. Cuidado con los que no participen en clase, cuidado con los niños un poco tímidos y reservados: «No lo conseguirá quedándose en un rincón», dice una madre exasperada por su hijo al que considera demasiado discreto.

Los ocho-doce años no escapan evidentemente a la regla. Además, en ese momento, en los últimos años de la escuela primaria, se dibujan aptitudes, gustos y fastidios de los niños. Tienen que ser los primeros en todo: nunca los niños han estado tan estimulados y entrenados por todos los medios, cargados y sobrecargados de actividades pedagógicas, clases de repaso para prevenir antes de que se manifieste un eventual retraso, una eventual debilidad. Las instituciones que dan clases particulares han multiplicado su volumen de negocio en pocos años.

Los niños se sumergen muy pronto y con mucha fuerza en una sociedad competitiva, empujados, arrastrados hacia delante, obligados a lograrlo para justificar los esfuerzos de sus padres. Cuando un niño muestra facilidad en la escuela, se le anima, se ponen a su disposición las mejores condiciones para el estudio, se le felicita y los padres se felicitan a sí mismos, al igual que los profesores, de este éxito. Pero como va bien en la escuela, algunos padres no exigen nada más a su hijo, no le ponen ya ningún límite. Como los padres de Mateo, por ejemplo, alumno brillante de sexto de primaria, que aceptan portazos, insultos y enfados de su hijo sin decir ni mu. Por otra parte, cuando un niño se muestra rebelde en la escuela, gasta mucha energía en contestar o en desviarse de la norma común; a menudo los padres lo dejan hacer, incluso se divierten y lo defienden ante sus profesores. No es para ponerlos en dificultades, ni por falta de valores educativos, es porque ven en eso un signo de personalidad y carácter, un impulso que no tienen fuerzas de romper. Creen que así su hijo sabrá defenderse en la vida. Leo, de ocho años, aterroriza a su clase, arremete contra los demás niños y no obedece ninguna consigna.

La situación llega a tal punto que se avisa a la directora, quien, a su vez, convoca a los padres para aconsejarles que lleven al niño al psicólogo lo antes posible. Pero el padre no parece preocupado y se alegra de ver que su hijo tiene un temperamento tan fuerte: «Por lo menos Leo sabe lo que quiere», dice ignorando el riesgo de que la situación empeore en un futuro no demasiado lejano.

La competitividad se aloja en todos los campos de la vida de los niños, animados por sus padres. Así es como el padre de un jovencísimo Máximo de nueve años, al verlo admirado ante una encantadora chiquilla de la misma clase, le susurra al oído: «Es bonita, va, ves, ¡lígatela!». En la mente del padre, eso no significa: «Déjate llevar por las emociones y el placer», sino por el contrario: «Ánimo, hijo, sé el mejor, estoy orgulloso de ti». Pero Máximo lo entiende de otro modo: pensando que no estará a la altura del reto, se encoge de hombros y se da la vuelta.

## El culto a la delgadez

La delgadez es otro campo de competencia: los profesores observan hoy en día que, cuando terminan la escuela primaria, las niñas se empiezan a preocupar por su línea. A la hora del comedor, rechazan el pan de la comida, la pasta e incluso las galletas, para parecerse más a las modelos. Algunas madres apoyan a sus hijas en sus esfuerzos para hacer dieta, escribiendo notas de disculpa para la escuela: *Excuse a Fiona, Julia, Constanza... que está a dieta*. A veces esas madres son incluso las primeras en preocuparse por las redondeces clásicas previas a la pubertad, porque no se corresponden con los criterios de la moda, y sugieren a sus hijas que se pongan a dieta. Y al someterse así a la norma, dando tanta importancia a la imagen exterior, transmiten una cultura de las «apariencias» y hacen creer a sus hijos que sólo cuenta la apariencia, a lo que todo está sujeto. Afirman: «Hay que ser la más bonita». Por último, a nivel psicológico, animar a los hijos a privarse de algunos alimentos en nombre de una delgadez ideal, antes incluso de la adolescencia, puede provocar trastornos alimentarios más adelante. Además, los comportamientos anoréxicos o bulímicos aparecen cada vez más pronto. Evidentemente, existen también hoy en día niños demasiado gordos cuya alimentación se tiene que vigilar de cerca. Pero hay que ser prudentes en la forma de controlarla. ¡Alimentarse siempre tiene que ser un placer!

También se puede explicar a las niñas que las modelos no se muestran «de verdad», ¡porque las fotos de las revistas están muy retocadas, «trucadas», cambiadas!

## El exceso de actividades

El exceso de actividades en las que se ven sumergidos los niños también forma parte de la carrera hacia la perfección. Corren de clase de judo a piano, de baile a dibujo, con el deber imperativo de ser bueno en todo, en seguida. El tiempo y el dinero invertidos deben ser rentables de inmediato y los resultados tienen que verse rápidamente. Los niños ya no pueden escoger, impregnarse, escoger. Ni tampoco tienen tiempo de aburrirse ¡para tener ganas de hacer algo! «Si montas a caballo, tienes que hacer tus exámenes unos después de otros, sin renunciar a nada y sin fracasar», dicen los padres. «La música se tiene que trabajar. Tienes que estudiar dos horas de música al día», encadenan los profesores. La presión se vuelve demasiado fuerte, y los niños se saturan.

## Aprender a vivir en sociedad

Esta carrera por los resultados hace que, a menudo, se olviden otros aspectos de la educación. Ante la presión de la norma, a los niños sólo les queda aceptarlo con mayor o menor conciencia, si los adultos no les proponen otra forma de vivir, otros valores.

Aunque un niño sea brillante en clase, no por ello se tiene que dejar que haga lo que sea en otras partes. Si sólo se cultiva una parte de su personalidad, se estropearán sus posibilidades. Si un niño muestra un carácter fuerte, no por ello no necesita educación, al contrario. Si no se dirigen sus impulsos, será contraproducente. Desarrollar esta fuerza natural en el niño, la que provocaba sus pataletas cuando tenía dos años para obtener lo que quería, es mantenerlo en un estadio infantil. Y significa también impedir que viva en sociedad.

Los niños de ocho-doce años están en una edad en la que, bien enmarcados por los adultos, pueden aprender a ser atentos unos con otros: escuchar a Julio que cuente su propia historia hasta el final sin interrumpirlo; dejar a Fanny que se sirva en el comedor escolar sin abalanzarse antes para servirse primera; soportar en el recreo no ser siempre el que decida el juego; aceptar, en casa, no escoger siempre el juego o el programa de televisión.

## Aprender a respetarse, a tolerar y a ser solidarios

La calidad de las relaciones entre niños también puede sufrir este ambiente de competencia permanente. Cuando el único valor que se propone es «ser el mejor», «el más guapo», «el más popular», las niñas se muestran a veces malvadas y agresivas entre ellas. En cuanto a los niños, se sienten animados en la rivalidad permanente establecida entre ellos y son terriblemente brutales. Se impide cualquier otro tipo de relación, en particular con niños que no se corresponden con los criterios impuestos. El que es diferente, tanto por su aspecto físico como por su educación, es duramente rechazado. Es el caso de Margaux, de diez años, que lamenta suavemente:

«A mí me cae muy bien Lorena, pero no es popular; mis amigas dicen que, si voy con ella, me dejarán de hablar, entonces...». Todos los niños o casi todos corren el riesgo un día de ser víctimas del ostracismo y sufrir por ello. También puede pasar al lado del sentido de la vida, simplemente.

¿Qué se puede hacer para que vivan la experiencia de la complicidad que hace feliz, de la solidaridad que refuerza, de la ayuda mutua que hace progresar a todo el mundo, del afecto entre seres humanos que da vida a la vida?

Sólo los adultos, con toda su experiencia humana, pueden proponer otros modos de relación, introducir el respeto a la diferencia. Precisamente pueden ser el contrapeso a la norma, no entrar en la carrera hacia delante: la madre que acepta las redondeces de su hija tal como es, al igual que la que no acepta sistemáticamente comprar cosas de moda como «pasaporte» indispensable a la integración al grupo. O como el padre que desactiva la agresividad en niños, introduciendo criterios distintos a la rivalidad.

Es posible desarrollar entre los niños relaciones de apoyo mutuo más que de competencia, desanimando la carrera hacia la perfección permanente, en todos los campos. Se pueden limitar algunos abusos, sin practicar la política del todo o nada: las niñas no estarán forzosamente marginadas en clase ni serán anticuadas si no entran en la carrera de las marcas obligatorias. Por último, los padres tienen que marcar con cuidado la jerarquía de edades en el interior de la familia. ¡Aunque siempre es más fácil poner a todo el mundo en el mismo saco! Como los niños tienen la tendencia natural de coger el sitio de los demás, son los padres los que tienen que hacer el esfuerzo de dar a cada edad sus oportunidades y su protección, para preservar el universo de cada uno. Cuando un niño escucha de vez en cuando: «No, todavía no puedes hacer lo mismo que tu hermano», conforta al hermano mayor y abre en los pequeños el deseo de poder hacerlo algún día. ¡Por eso a menudo los pequeños son más despabilados que los mayores!

## Romper el molde único

Abrir horizontes a los niños y darles libertad para que se aventuren en ellos les ayuda a liberarse de reglas demasiado rígidas. Es necesario buscar los aspectos positivos y originales en la personalidad de cada

niño para realzar todos estos elementos, más que recordarle siempre lo que debería ser. Eso obliga a los
padres a distanciarse un poco para poder mirar a los
niños con la máxima objetividad posible. El riesgo es
verlos siempre como dobles de uno mismo, o «se-
gundas oportunidades» de todo lo que no se ha podido llevar a cabo. Las familias con varios hijos tienen
la ventaja de que no lo esperan todo sólo de uno de
ellos. Se abre así un espacio para las diferencias y las
cualidades de cada uno.

Es el caso de Sofía, de once años, a la que le encanta dibujar. Su madre se ha dado cuenta. Pero
como ella es más bien deportista, y nunca nadie en
la familia ha manifestado la curiosa idea de pasarse
horas y horas con un lápiz en la mano, tendrá que
hacer un auténtico esfuerzo para animar a su hija,
buscarle un taller de dibujo donde pueda practicar,
aceptar que se pasará allí encerrada muchas tardes
de primavera y no reprocharle que no destaque en
una cancha de tenis.

«Sólo le gusta la jardinería», se desespera por el
contrario la madre de Boris, de once años. Con todo, realzar este interés original en un niño de esa
edad sería una forma fantástica de valorizarlo, dina-
mizarlo y ayudarlo a superar los problemas escolares

que hacen vacilar su autoestima. Todos los niños tienen sus puntos fuertes, en los que pueden apoyarse para tener confianza en sí mismos. ¡Sobre todo si no se espera que sean obligatoriamente un genio en la actividad que les gusta!

## ¿Precocidad o competencia exacerbada?

A menudo, en nombre de una «precocidad intelectual» aparente, se corre el riesgo de quemar etapas del desarrollo de los niños. Nuestro sistema escolar no tiene demasiado en cuenta las diferencias individuales y, por ello, la precocidad ha sido una gran desconocida durante muchos años. Muchos niños han sido desgraciados en la escuela, incluso han fracasado, porque su entorno no ha sabido detectar un desfase en el ritmo del aprendizaje intelectual. En cambio, hoy en día, se habla de ello ampliamente. Sin embargo, aunque existen muchos niños dotados, sólo un 2 % de la población se puede considerar «superdotada» (cifra AFEP).

La auténtica precocidad intelectual es un progreso, rapidez en el proceso de maduración: el niño precoz es muy curioso, con sed de conocimientos, siempre quiere saber cómo funciona, tanto si son los misterios del cosmos como los del motor de explosión. Es extremadamente rápido y, a menudo, un hábil lector. Pero el proceso de madurez afectiva, en cambio, puede ser normal, lo que crea un desfase importante en su personalidad. Aunque sea intelectualmente avanzado, un niño de ocho-doce años puede ser todavía extremadamente dependiente de sus padres en el ámbito afectivo.

Si el caso de un niño resulta verdaderamente problemático es aconsejable realizar algunas pruebas (habitualmente se utiliza la escala Weschsler para la evaluación psicométrica). Ayudan a evaluar las capacidades orales, pero también la lógica y la organización perceptiva con ejercicios de construcción de figuras geométricas, lo que permite obtener como resultado una cifra, el famoso cociente intelectual (CI). Sobre un valor 100, se considera que la auténtica precocidad se sitúa en torno a 135. Los resultados de las distintas pruebas tienen que ser lo más homogéneas posibles, porque a menudo se puede constatar un progreso, por ejemplo, en el área del lenguaje en niños muy estimulados, o en familias con un nivel cultural alto, sin que ello se pueda considerar como precocidad.

## ¡No, todavía no eres adolescente!

Más allá de los resultados, estos test permiten la observación clínica del niño. Mostrará su autonomía, su ansiedad, su miedo al fracaso, su necesidad de ser apoyado o, por el contrario, su deseo de triunfar, la confianza en sí mismo.

Cuando un niño está muy dotado o incluso superdotado, es preciso buscar las mejores condiciones para que se desarrolle de manera armoniosa, teniendo en cuenta tanto su desarrollo social como afectivo. La solución no es que se salte cursos sistemáticamente, aunque a veces pueda ser útil.

En efecto, si estos niños avanzan demasiado rápido, pueden surgir inconvenientes. Hay que tener en cuenta que se encuentran entre alumnos mayores, con los que no se encuentran forzosamente a gusto, y es difícil ser feliz en la escuela cuando la diferencia de edad con los demás niños de la clase es demasiado grande. Es el caso de María, de once años, muy precoz y con un cociente intelectual de 150, que avanzó tres cursos. Se relaciona con alumnos tres años mayores que ella, ya adolescentes, con preocupaciones muy alejadas de las suyas, lo que hace que no sea en absoluto reconocida y se sienta especialmente desgraciada.

Es mejor proponer a esos niños estructuras «adicionales» a la escuela, que respondan a su curiosidad y a sus intereses: centros de ocio enfocados a las ciencias, la música, talleres de tipo «vacaciones jóvenes», donde tendrían que desarrollarse. Compartir actividades con otros niños que funcionen con la misma rapidez que ellos es una fuente de enriquecimiento y florecimiento.

Aunque es importante detectar lo antes posible la precocidad, no es necesario hacer cargar al niño con todas las dificultades para buscar lo que más le puede convenir para su desarrollo.

Algunos niños precoces tienen problemas de comportamiento, no porque sean precoces, sino porque sus padres, en nombre de esa precocidad, no les ponen límites. Con todo, ser un salvaje, aunque esté muy dotado, ¡no ayuda a vivir en sociedad!

A menudo el niño precoz exhibe la bandera del aburrimiento en la escuela. Si se rebela ante su profesor o no trabaja porque dice que se aburre, es necesario intentar entender lo que está planteando antes de juzgarlo. Se puede tratar de falta de reconocimiento del maestro o de dificultades de relación con los demás niños. El error sería ponerse, de entrada, del lado del niño, tomar una decisión sin tener perspectiva de las cosas. El problema debe arreglarse sin pasión, entre adultos.

## ¿Precocidad o automatismos bien adquiridos?

Algunos niños parecen precoces. Su entorno les trata como mayores y viven principalmente en un mundo adulto, dominan asombrosamente los códigos y el lenguaje de los adultos. Tienen una comprensión excelente de la lógica de las herramientas tecnológicas que les rodean desde siempre. Pero su desarrollo afectivo no por ello está más avanzado, y es preciso evitar tratarles como adultos en miniatura.

Paradójicamente, estos niños pueden carecer totalmente de autonomía en algunos campos. Sus padres les tienen que recordar varias veces la cita con el dentista, o prepararles la cartera del día siguiente para que no olviden nada, etc. Algunos, que juegan a ser jefecillos en el patio de la escuela, o algunas, que se creen ya jovencitas, necesitan telefonear cada dos por tres a sus padres con distintos pretextos, para sentirse confortados. Bajo esta aparente precocidad se esconde una gran dependencia afectiva. Estos niños serán a menudo incapaces de organizarse, porque carecen de autonomía en la reflexión, y siempre están esperando el apoyo del otro. Este aspecto se descubre a menudo al empezar secundaria, cuando el aprendizaje se multiplica. Ante una dificultad, se sienten desprotegidos o se bloquean; por ejemplo, ante un problema de matemáticas formulado bajo un enunciado distinto de lo habitual, o bien ante una expresión nueva que se tiene que entender por el contexto. Por esto es bueno que los padres renuncien a la costumbre de «masticarle los deberes», «hacerlos en su lugar», para ir más de prisa o ganar tiempo. Y, sobre todo, deben renunciar a aceptar ver a sus hijos «que no llegan» sin preocuparse.

Por último, no se debe confundir a los niños superdotados y a los niños simplemente despabilados. Los que se sienten muy a gusto con los adultos, y son admirados por su entorno, arrastran a veces reacciones poco apropiadas. ¿Cómo dar consejos o prohibir algo a un medio-adulto que parece tan razonable? Algunos lo aprovechan para dictar su ley, empujar los límites del universo de la franja de edad a la que pertenecen. Estos no piden ningún tratamiento específico, pero hay que sujetar las riendas con mayor firmeza, porque las derrapadas serán frecuentes en la adolescencia, cuando los padres caigan de su pedestal y su criterio se ponga en duda.

# Lo esencial

La competencia que subyace en todos los campos impide que los niños puedan adquirir experiencia en otros tipos de relación: la solidaridad, la complicidad, la complementariedad, el respeto, etc.

Sólo los adultos con la experiencia humana necesaria pueden transmitir estos valores a sus hijos, incluso si eso les exige un esfuerzo para resistir a la presión ambiental.

No se debe confundir la auténtica precocidad con ser despabilado y la adquisición de automatismos, aunque sean muy eficaces. Un niño dotado o superdotado tiene tanta necesidad de educación o más que los demás.

# Capítulo 6

# Llegan los nuevos consumidores

**Regresa de la escuela gritando: «¡Lo ves, ya está, Paulina me ha dicho que no eran auténticas!». Habla de sus nuevas zapatillas compradas el día anterior, que no llevan «la» marca. Esta escena se repite cada dos o tres semanas, por los vaqueros, la camiseta, la cazadora, la mochila...**

## Un mercado emergente

Es una simple cuestión de cálculo y objetivo: el mercado de consumo de los adultos, después del de los adolescentes, ya está en pleno rendimiento. Es necesario encontrar nuevas franjas de mercado. Y los ocho-doce años representan un auténtico potencial por explotar. No son los niños los que han cambiado y que se abalanzan con la cabeza hundida hacia el universo de la moda, la belleza y las estrellas de la canción, cuando sus hermanos y hermanas empezaron a interesarse por todo esto hacia los trece o catorce años. Es porque se han convertido en un objetivo de *marketing*. No sólo porque disponen de dinero para sus gastos, sino también porque, cada vez más a menudo, tienen voz en el capítulo de las compras familiares. ¡Recuerden al pequeño de ocho años, vestido con corbata, que daba órdenes de compra a una cohorte de adultos obsequiosos, en un anuncio de televisión! ¡Y después nos sorprendemos de que todos los especialistas de la misma edad reivindiquen la elección de cierto ordenador o de determinado coche!

Los niños también se han transformado en jóvenes consumidores a tiempo completo. La presión más fuerte procede del campo de la moda: se ha creado para ellos, pero sobre todo para ellas (en efecto, las niñas son las más afectadas por el montaje de *marketing*). Son un nuevo «segmento de mercado». La ropa de niños termina a menudo en las tallas correspondientes a los doce-catorce años. Pero cuando miden 1,20 m, tacones incluidos, no quieren ir a comprarse ropa a las tiendas de los pequeños.

Han aparecido marcas para los jóvenes, con líneas especializadas en los ocho-doce años, que se renuevan sin parar al ritmo de la moda, y que se venden en tallas 32, 34 o XXL. Copian la moda de los jóvenes, a veces incluso es más provocadora y con un toque sexy, como los tops ajustados para niñas sin pecho ni cadera. A partir de los ocho años, estas pequeñas *fashion victims* se «adornan» como una mujer sin realmente vivir sus prendas ni dominar los códigos de la feminidad.

Se han fabricado ídolos, apenas mayores que ellas, gracias a la potencia de las cadenas de televisión, para incitar a la compra de CD, productos de maquillaje, marcas, según planes de *marketing* muy bien preparados. Así, se dibuja una cultura joven a la que no se puede renunciar y que fascina mucho más a los niños, porque todavía se sienten al margen de todo y necesitan atributos visibles. La moda juega con sus deseos —muy naturales— de identificación con los mayores y adapta los productos a su talla y a su visión del mundo. «Quiero parecerme a esa estrella; por lo tanto, compraré todos sus discos, me vestiré como ella, me abonaré a su revista y veré su programa de televisión (precedido por anuncios que me presionan para que compre todavía más y más).»

¿Quién puede reprochar a los niños que «cedan» ante las tentaciones que se muestran en alfombra roja ante ellos? No podría ser de otro modo, ya que incluso para los adultos resulta difícil resistir a la presión del consumo, y si los padres tampoco ponen límites a ello, los niños no pueden defenderse solos de las trampas de la publicidad, demostrar distancia, gusto y mente crítica.

## Un poder de adquisición en alza

En nuestra rica sociedad occidental, el poder de adquisición de los niños aumenta. Primero directamente, ya que en la escuela primaria ya es habitual que dispongan de dinero para sus gastos. Un banco llevó a cabo recientemente una encuesta sobre esta cuestión: un tercio de los niños de siete a catorce años recibe dinero para sus gastos, con una media de veinte euros al mes. No sólo utilizan este dinero para comprarse caramelos, o ahorrar para «el futuro». Desde los ocho años, las niñas se gastan todo el dinero en ropa y revistas y los niños en videojuegos, y todos coinciden en las tiendas de discos. También disponen del dinero que cada vez más sustituye a los regalos de Navidad y aniversario, sin olvidar el que recompensa sus buenas notas, obligado por la competencia escolar. Por ejemplo, uno o dos niños en una familia puede encabezar un respetable número de generosos donantes, con dos padres, cuatro abuelos, algunas veces bisabuelos, con más ingresos que en otros tiempos. En el caso de que los padres no vivan juntos, el que no tiene la custodia cae a veces en la tentación de compensar su ausencia con dinero.

## No es una razón para bajar la guardia

Aunque el ataque del *marketing* sea feroz, no por ello debemos rendirnos antes de tiempo. Los padres tienen el derecho de no dejarse «desplumar» y el deber de dar su opinión sobre esta subasta. Sin duda será más fácil para ellos si están convencidos de que los límites no son la desgracia de sus hijos, sino lo contrario, que los ayudan a convertirse en adultos. A menudo, ellos mismos están atrapados en la trampa del consumo, ávidos de reconocimiento social a través de la imagen que desean mostrar de sus hijos, y les cuesta decir que no. «Para que mi hija se integre bien en clase es preciso que vaya vestida como las demás, incluso mejor». «En el fondo, estoy bastante orgulloso de ver que mi hijo invita a sus amigos para admirar el último videojuego que me ha sacado». Por el contrario, es mejor proporcionar a sus hijos armas para poder replicar a las ofensivas publicitarias: «¡Mira esta sin marcas, se diría que no es nada!».

## Hablar del dinero y de realidades

Sólo los padres pueden ayudar a los niños a no dejarse atrapar por el engranaje del exceso de consumo. Sin embargo, no basta con negarse a todo siempre y sin dar explicaciones. También hay que tomarse el tiempo de hablar de dinero, para fijar las opciones financieras en la realidad.

Sin sentir vergüenza (el dinero no es el máximo valor) y sin sobrecargar el tema con angustia, se puede hablar de los límites de todo presupuesto. Se puede explicar la propia opción diciendo: «Lo esencial es alimentarse, alojarse, instruirse, etc. Después hay cosas importantes, como ir de vacaciones para descansar y estar juntos. Y también está lo superfluo: como es infinito, es preciso escoger, no hay nada automático ni obligatorio...». Los deseos de los niños pertenecen a menudo a este último registro: tener tiempo de discutir y reflexionar les ayuda a distinguir los campos y las prioridades. Otra forma de señalar las microdecisiones de todos los días es hablar de ello en la vida cotidiana: «He visto un jersey muy bonito en el escaparate, pero era muy caro»; «me gustaría cambiar de coche, pero este año no va a ser posible». En educación el ejemplo tiene mucho más peso que los discursos.

Tampoco es malo hacerles partícipes de las decisiones familiares, con la condición de que los que pagan, los padres, sean los que deciden de verdad. Y el dinero de que disponen puede ayudar a experimentar los mecanismos de la elección a su medida.

Es importante no sacrificar su «esencia» de padres para satisfacer lo «superfluo» deseado por sus hijos. Por una parte, no les enseña a elegir, ni a soportar las inevitables frustraciones de la vida, sean cuales sean los ingresos.

Por otra parte, dárselo «todo» a sus hijos induce, incluso inconscientemente, a esperar un reconocimiento desmesurado. Los niños nunca podrán honrar esta deuda no formulada, sobre todo en el momento de la adolescencia, y se sentirán mal por ello. Peor aún, blandir este sacrificio en cada conflicto, con la frase «con todo lo que he hecho por ti», es una manera muy segura de falsear las relaciones para siempre.

Cuando se rechaza una compra, no sólo hay que explicarles las razones, sino que es preciso mostrarles al mismo tiempo que se reconoce su deseo de niño. Todas las generaciones tienen criterios de gusto diferentes. Aunque, como adultos, nos cueste quedarnos pasmados ante unos vaqueros rotos o unos zapatos *grunge*. ¡Es preciso hacer un esfuerzo y buscar entre nuestros recuerdos para entender lo que representa ese objeto, esa prenda, a los ojos del o de la que sueña con él! Pensemos lo que pensemos, debemos tenerlo en cuenta sin descalificarlo: «Ya veo que te encantaría esta videoconsola, pero ahora no podemos comprarla porque...», o «No estoy de acuerdo con que te compres esto porque...».

Y si es verdaderamente importante para el niño, siempre queda la posibilidad de una compra futura, cuando el deseo se haya atizado más.

## No dejarse esclavizar

Tanto para un niño como para una niña es un gran placer escoger sus propias prendas de vestir, y eso les da la seguridad de que pueden vestirse como los demás. ¡Los adultos no dirán lo contrario! Todas las generaciones se reconocen así entre sus iguales. Vestirse no se convierte entonces en un placer y un signo de reconocimiento, sino en una preocupación, lo que conlleva un riesgo de marginación si uno no se conforma al «uniforme» vigente, variable según los lugares y los medios sociales. Para los padres, la dificultad del ejercicio es esta: encontrar el justo equilibrio entre placer y esclavitud, limitar sin prohibirlo todo. Marion sueña con un par de zapatillas, esas en particular. ¿Por qué no, si las necesita y además entran dentro del presupuesto familiar? Pero debe ir con la condición de que eso no se convierta en una costumbre, y que ese deseo imprescindible no se repita tres veces al año. O bien, que participe en la compra con el dinero recibido en los regalos de Navidad, o que espere a su cumpleaños. ¡El regalo todavía será más valioso!

## Acompañarlos en su elección

Muchas lolitas de las ciudades llenan las tiendas o los centros comerciales de dos en dos o en manadas, y disponen de mucho dinero. Afirman que prefieren estar entre amigas, pero a menudo también expresan con un poco de pesar que sus madres no tienen tiempo, o que no ven interés en acompañarlas. Entregadas a sí mismas, tienen tendencia a comprar compulsivamente lo que han visto que llevan las demás, lo que está de moda, lo que les gusta en ese momento, lo que las valoriza a ojos de sus amigas.

Pero no hay nada educativo en esos paseos tan precoces, porque se ha olvidado una etapa intermedia. A estas niñas les falta el acompañamiento de la mirada adulta: una opinión sobre lo que les queda bien o mal, alguien con un gusto diferente al de su generación, y que acepte discutir con ellas sobre lo bonito y lo feo, por ejemplo. La presencia de una madre (¿es demasiado pedir a los padres?) ayuda a poner palabras en este universo. «Esta tienda es así y asá». Atraer la atención sobre las trampas del consumo: «Es más barato, pero hay mucho menos». Transmitir los conocimientos útiles: «Hay que lavarlo en seco, no se puede lavar en agua caliente, no tiene el mismo color con la luz artificial o natural».

¡Y además, los padres todavía tienen algo que decir sobre las compras que financian! En nombre de su experiencia, de su responsabilidad, tienen el derecho de observar amablemente cuando se prueba una prenda: «No me gusta nada» o «No te queda bien». También pueden rechazar lo que encuentran demasiado caro o inadecuado. No obstante, es mejor que las compras terminen bien y, quizá con el tiempo, ¡madre e hija acaben por encontrar algo que les guste a las dos! Por último, ¿por qué no recordar, por recordar, el placer compartido de confeccionar o personalizar prendas imaginadas entre madres e hijas? ¡Una gran oportunidad para la complicidad femenina!

# Lo esencial

La presión del consumo se ejerce desde hace algunos años de manera mucho más fuerte en los niños.

Tener en cuenta los deseos de los niños no significa satisfacerlos todos de inmediato.

Sólo los padres les pueden educar en cuestión de dinero, aspecto que los niños necesitarán en su vida adulta.

# Capítulo 7

# Regale verdaderos obsequios

**Hoy cumple diez años. Quiere organizar una fiesta en casa, porque todas sus amigas lo hacen. Su madre le propone organizar un recorrido con actividades por el barrio. Elude la dificultad de llegar a una decisión. ¿Qué dirán las demás? El juego tiene un punto «gincana» que suena a bebé. El éxito está asegurado: ¡todos los invitados, niños y niñas, estarán encantados!**

## Las oportunidades de la «edad de oro»

Las fiestas y otras veladas se efectúan ahora ya a partir de los ocho o nueve años. ¿Qué diferencias existen entre las anteriores meriendas de sus cumpleaños? Son mixtas, después de años de separación de intereses, acaban más tarde, por la noche, se organizan en torno a la música y el baile, como entre adolescentes. ¿Por qué negarse, si eso complace a los niños? ¿Pero es verdaderamente un placer o bien es un «ejercicio obligado» en la moda del momento, para hacer como los mayores? La experiencia ha demostrado que, aunque algunos se divierten juntos, niñas y niños permanecen a menudo separados, no bailan juntos, están molestos y se aburren, o se divierten cada uno por su lado. En general, salen de la fiesta decepcionados, aunque no se atrevan a confesarlo. Se ha intentado poner diversión y emoción allí donde no surgía de forma natural.

Entonces, ¿por qué no proponer algo distinto, que se corresponda mejor con lo que son? Mayores, autónomos, curiosos, dispuestos a todas las aventuras y a entusiasmarse por un proyecto como el recorrido por el barrio de esa madre cargada de iniciativa. Los niños por sí solos no podían haber tenido la idea ni organizarlo todo. Eso llegará más tarde, después de algunas tardes como esta... Pero ya están en marcha, felices de descubrir, de superarse... Todas las familias tienen sus ideas y posibilidades: los aniversarios pueden ser la oportunidad ideal para hacer actividades lúdicas por la ciudad, salidas un tanto excepcionales (los museos ofrecen cada vez más talleres, juegos adaptados a esta franja de edad), o incluso invitaciones para compartir *pizzas* o una comida especial.

Una vez superada la dificultad de no comportarse como todo el mundo, de renunciar a «lo que se hace», los niños son capaces, sorprendentemente rápido, de entrar en el juego, y se lo pasan bien. Una experiencia que haya tenido éxito lleva a otra, incita a la confianza y, a su vez, lleva a la creatividad. Quizá las actividades lúdicas de los niños de diez años quedará en sus espíritus de participación hasta el punto de despertar una nueva ola de cumpleaños originales y creativos, y que rompa durante un año o dos la «norma» de la fiesta obligatoria.

## La independencia de la mente se forja en familia

Frente al machaque intenso de las mentes, la educación es quizá todavía más importante hoy en día para ayudar a todos los niños a desarrollar su pensamiento individual, a no dejarse «formatear» por su entorno.

## ¡No, todavía no eres adolescente!

Es preciso que, en el momento en que sus hijos manifiesten esa inmensa ansia por aprender y comprender, los padres hagan el esfuerzo de estar presentes. Les toca a ellos, a través de la vida cotidiana, pronunciar juicios, mostrar una mente crítica, abrir horizontes más amplios, permitir comparaciones: la televisión dice que...; mi amigo también...; mis padres piensan de otro modo, ¿y yo?

Debemos atrevernos a afirmar lo que somos y lo que pensamos. Si no, nuestros hijos se quedarán en el rebaño con sus semejantes.

Hablando con los hijos, tomándose el tiempo para decir lo que se piensa con convicción, explicándolo con palabras adecuadas para su edad, a partir de ejemplos que los impliquen, podemos abrirlos a la diferencia, a las divergencias de opinión. De ese modo, el padre de Coralia, de diez años, fastidiado sólo de pensar que su hija le pediría ir a ver la segunda o tercera parte de una película de éxito para poder hablar de ella en el recreo, tomó la delantera. Le comentó pacientemente la manera en la que se orquestaba el fenómeno, la hizo testigo del fuerte auge en los medios de comunicación de la fama de una película que nadie había visto todavía y la avisó de que rechazaría caer en la trampa y que no pagaría por ir a verla. Al cabo de una semana de la presentación de esa basura, tenaz, invitó a su hija al cine... a ver una película escogida por él. Les gustó mucho tanto al padre como a la hija. Y la historia no termina aquí. Coralia, entusiasmada, habló de la película en el recreo. Su mejor amiga fue a verla con su hermano mayor, lo que despertó el deseo de las demás... ¡Y así es como se rompió la cadena del «niñismo» correcto!

## ¡Juguemos más, todavía más!

Ya hemos visto hasta qué punto el juego, en todas las edades, servía para estructurar la personalidad. No se trata de caer en la hiperestimulación pedagógica, atestándolos con programas educativos que los hagan trabajar solos y en silencio ante una pantalla, sino de preservarles el tiempo y el derecho a jugar de verdad. Para los adultos con fibra juguetona, es un momento de gracia: a los ocho-doce años son excelentes compañeros de juegos de sociedad, desde el ajedrez hasta los juegos de estrategia y de damas, en partidas apasionantes e infinitas. Ya tienen suficiente madurez como para jugar de igual a igual, incluso para poner en dificultades a los mayores y aprenden mucho: estrategia, dominio de sí mismos, honestidad, inventiva, etc.

Para los que son más bien deportistas, también existen muchos juegos, en todos los sentidos del término. A los niños en particular les gusta hacer deporte con su padre: *footing* por la mañana, partidos de fútbol o de tenis los domingos, la complicidad de una salida al mar, etc. Cada uno tiene su forma de compartir el placer y mucho más, aunque al principio haya que insistir un poco por la mañana para que salgan de la cama, o por la tarde para que apaguen la pantalla. Una vez más, son los últimos cartuchos de la complicidad deportiva. Cuando sean adolescentes ya no podrán soportar medirse físicamente con su padre. Más allá del placer compartido, es una oportunidad para que los niños aprendan el placer del esfuerzo. Una virtud a veces despreciada en nuestra época, en beneficio del «aprendizaje por placer».

En la escuela, para que los niños se sientan contentos de trabajar, a menudo se dejan de lado los temas inevitables. Da un poco de vergüenza encarnizarse ante una dificultad u obstáculo, en matemáticas, solfeo o judo. Impulsivamente, cuando aparece una dificultad que debe superarse, con frecuencia se «hace zapping» sin saber ir más allá, ¡y se pierde así la posibilidad de experimentar un placer más fuerte y duradero!

Por lo tanto, los padres deberán enseñar, en las experiencias compartidas, la tenacidad, la visión a largo plazo, la estrategia pacientemente desarrollada en el juego, los segundos arañados al entrenarse haciendo *footing* o los posibles progresos de la autoestima.

A menudo, los niños tienen la tentación de abandonar las actividades que practicaban y apreciaban pocos días antes (ir a la biblioteca, jugar al fútbol) porque tienen miedo de que eso les haga parecer más pequeños a los ojos de sus compañeros, ya que eso no forma parte de los modelos de los adolescentes con los que quieren identificarse. Dejarse arrastrar allí, animado por los padres, da de nuevo sentido a sus actividades.

Si un papá querido se lleva a su hija a pasear a una librería, y le comenta qué libros le gustaban de joven, con toda seguridad ella sabrá argumentar sus gustos, o por el contrario se distanciará de los de su padre ¡y no se sentirá en absoluto como un bebé!

## En busca de nuevos horizontes

¡También es el momento de aprovechar el nuevo deseo que despunta en los niños de conocer, de ir más lejos, de descubrir nuevos horizontes!

Precisamente, cada vez son más capaces de alejarse sin miedo de sus referencias familiares, de la casa y el entorno próximo, de adaptarse a condiciones materiales distintas, incluso se sienten felices por ello. En este sentido, serán los padres los que tengan que tomar la iniciativa y proponer nuevas experiencias, como viajes, paseos, caza o pesca para los aficionados, espectáculos musicales en común, etcétera.

Todas las familias tienen posibilidades, diferentes centros de interés por explotar, maneras de hablar para construir poco a poco una visión original del mundo.

De cualquier modo, hay que tener en cuenta que estos niños se animan con cualquier cosa, les gustan muchas cosas. El placer es compartido, porque los padres también encuentran su parte de felicidad en todas estas actividades: ¡presentar el mundo a los hijos obliga a redescubrirlo con una mirada nueva y más fresca!

## Construir amistades sólidas

El sentido de la amistad es una riqueza y una fuerza en la vida, que no se aprende siempre en la escuela, ni en absoluto en carreras competitivas, como se ha visto. Los padres deberán ayudar a sus hijos a «hacer amigos» tomándose seriamente y animando esas relaciones privilegiadas. Eso significa ayudar a la organización material de intercambios entre familias, almuerzos comunes en lugar del comedor de la escuela, momentos de vacaciones compartidas entre niños de la misma edad. Eso también significa ayudar a sus hijos a encontrar su justo lugar entre sus iguales, acostumbrarlos a tener en cuenta lo que piensen o sientan los demás, enseñarles a manifestar su amistad con sus atenciones, con pequeños regalos. Y saber apoyarlos en sus desilusiones, compartir un poco sin tomar partido en las disputas inevitables y enseñarles a superarlas.

En todas las edades, con los amigos de sus padres, es preciso mostrar una gran prudencia, y mucho respeto por sus elecciones, sus sentimientos. Y al escoger a un amigo, un niño muestra una parte de su personalidad y a menudo un jardín secreto que escapa a sus padres. Eso no impide que pueda seguir siendo él mismo y decir lo que piensa cuando hay valores importantes en juego. Si el amigo o amiga propone actividades que se consideran peligrosas o tiene unas costumbres que reprobamos, los padres pueden afirmar: «No estoy de acuerdo», «Él lo hace, pero yo, que te educo, te lo prohíbo». Una forma más de abordar las diferencias es desarrollar un espíritu crítico.

## Hablar de la sexualidad

Nuestra sociedad está tan impregnada de sexualidad que de entrada se supone que los niños «lo saben todo», porque lo han visto todo desde su más tierna infancia. Pero lo que se aprende por migajas entre compañeros o los medios de comunicación no tiene el mismo valor ni la misma coherencia que la que reciben de sus padres. Es fácil hablar de sexualidad con niños serenos, confiados, siempre que este tema no les afecte directamente. Cuando despunte la adolescencia, el tema se volverá tabú, porque los chicos se sentirán demasiado trastornados en su interior, demasiado afectados para sentirse cómodos. Es la última «oportunidad» para comprobar que toda la información indispensable para el futuro se ha aprendido bien.

Hoy en día, aparece en los chicos jóvenes un nuevo machismo, con una concepción muy narcisista, muy pornográfica de la sexualidad. No expresa un malestar adolescente, sino más bien sin duda un desplazamiento de los «pipi-caca» del parvulario a las clases de primaria, con palabras muy crudas y con una connotación más sexualizada. Es preciso intervenir cuando los niños de nueve o diez años utilizan un lenguaje muy vulgar sobre el tema de la sexualidad, incluso ordinario. No lo inventan, sino que reproducen fórmulas que han oído en la radio o les han sido retransmitidas en el recreo: «¡Esta me la voy a hacer!», «Tiene un buen bacalao», etc. Son fanfarronadas para darse aires de mayor, que están muy lejos evidentemente de lo que quieren y pueden hacer a esa edad, y no se corresponde con lo que sienten en su corazón y en su cuerpo. Es, pues, un buen momento para los padres, en particular, que son los mejor situados para hablar de sexualidad con sus hijos, expresar sus valores, como contrapeso a los de sus compañeros. De ese modo pueden enviar un mensaje de respeto y consideración hacia las chicas, que será más difícil de entender por adolescentes invadidos por nuevos impulsos.

## Darles tiempo

Al volver del trabajo por la tarde es difícil encontrar siempre ideas para estimular la mente crítica de sus hijos, iniciar un conflicto sobre los programas de televisión prohibidos y tomarse el tiempo de no hacerlo en su lugar para desarrollar su autonomía. Pero la misión no es imposible y los retos no son pequeños.

Todo este acompañamiento diario ofrece muchos placeres a cambio, pero exige tiempo. Y, paradójicamente, el tiempo es de lo que carecen los adultos de hoy en día, atrapados en la aceleración de la vida. Y a veces es el mejor regalo que puedan ofrecer a sus hijos. Sin estar siempre a su disposición, se trata, siempre que sea posible, de discutir más que de dar respuestas inmediatas, ofrecer atención más que consumo.

Si no se ha hecho todavía, es la oportunidad para establecer en la vida familiar ritos y momentos regulares que permitan a padres e hijos verse de verdad, comunicarse, por ejemplo durante las comidas familiares. A menudo tienen tendencia a desaparecer, dado que los niños comen en la escuela, porque los padres regresan tarde y los niños pican algo al volver de la escuela hasta que se acuestan. No despreciemos el esfuerzo de mantener estos momentos de vez en cuando, una vez a la semana o los fines de semana. A los niños les encanta, sobre todo cuando ven que los padres se interesan por ellos. Además, permite que todo el mundo explique lo suyo o dé su opinión. Se aprende a escuchar, a servirse después del otro, a comer de todo, incluso los alimentos menos atractivos o desconocidos. Aunque se quejen en ese momento, sólo les quedarán los recuerdos positivos: las bromas familiares, indescifrables para los ajenos, las manías de unos y otros, el éxtasis común ante el pastel de chocolate, el mejor de los mejores... En las conversaciones de la vida cotidiana tenemos la oportunidad de decir de nuevo lo que nos parece importante, repetir los valores que deseamos transmitir. A medida que los niños crecen, se vuelven sensibles a lo nuevo y entienden cosas más complejas. Las discusiones permiten así «revisitar» con ellos los acontecimientos en cada etapa de su vida, hablar de lo que los afecta, con el acompañamiento de una mirada adulta. Dan referencias, construyen un pensamiento individual que permite luchar contra la apisonadora colectiva. Y, además, con sus pequeños discursos oratorios aprenden a responder, a defenderse y a captar el humor. Es incluso un buen momento para permitirse los conflictos, que sería una lástima evitar. En un ambiente de confianza, no tienen ninguna consecuencia, y muestran, lección importante para el futuro, que es posible tener divergencias de opción sin por ello dejar de quererse y hablarse. Se trata, en resumen, del aprendizaje de la tolerancia.

## Lo esencial

Los padres tienen un papel insustituible con los niños de ocho-doce años, al igual que con los más pequeños: es un momento muy propicio para plantear las bases de su personalidad.

Si nadie propone a los niños nuevas actividades o descubrimientos que no se les puede ocurrir a ellos, los niños corren el riesgo de quedarse limitados en sus centros de interés y ser demasiado conformistas en sus gustos.

La parte fundamental de la educación se efectúa en los ritos de la vida familiar. Por ello merece la pena esforzarse por mantenerlos o crearlos y darles se tido.

# Conclusión

A los doce o trece años, según el sexo, el entorno y la personalidad, llega la famosa cita de la adolescencia. Para todos, se inicia entonces una nueva fase de la vida. Un crecimiento vertiginoso, zapatos que deben cambiarse cada tres meses o senos que despuntan debajo de la camiseta, una voz que muta o la aparición de la menstruación, colores que aparecen a la mínima emoción y el acné (la transformación de los cuerpos provoca la transformación de la psique).

Cuando todo va bien están listos para la nueva etapa, con el apoyo de las bases fundamentales que han adquirido durante la infancia: una tranquilidad interior suficiente para poder alejarse de sus padres sin temor a perderlos, cuando esto es necesario para crecer. Suficiente confianza en uno mismo para ser capaz de reflexionar solo, y abrirse al aprendizaje más abstracto que espera al adolescente durante los años de secundaria. Las principales reglas de la vida social bien integradas para gestionar armoniosamente las relaciones con los demás, adultos o jóvenes de la misma edad, sin intermediarios ni protectores.

Eso no significa que los años siguientes serán para los padres una etapa de descanso o sin conflictos. Pero, si han superado las etapas de forma progresiva, los hijos podrán resolver las dificultades, aprovechar las oportunidades de la vida y convertirse en adultos felices y capaces de ocupar su lugar en la sociedad. Sin embargo, cada vez más niños, al llegar a la cita de la adolescencia, en lugar de avanzar parecen dar marcha atrás, retroceder hacia la infancia.

Cuando se ha querido ir demasiado rápido y ganar tiempo es cuando aparecen las carencias o las heridas que se han establecido silenciosamente durante la infancia.

Esa niña, acostumbrada desde siempre a acostarse en casa de unos y otros, se angustia con la mera idea de abandonar su casa. Ese otro, con una vida compartida entre dos casas, la de su padre y la de su madre, pierde sus cosas o no puede soportar los cambios de horarios. A otro le duele la barriga sin motivo aparente en el momento de entrar en la escuela, o no soporta desplazarse solo por la calle, presa de un ataque de pánico ante la idea de enfrentarse a la multitud. Estos niños, hasta entonces aparentemente sin problemas, parecen querer regresar al principio de esa infancia que no han podido aprovechar, para deshacerse de las responsabilidades con las que han tenido que cargar demasiado pronto, para encontrar las referencias que nadie les ha dado. Y los padres, que tenían la impresión de vivir con adultos en miniatura, no saben cómo reaccionar ante las actitudes de esos pequeños de cinco o seis años. Dificultades latentes estallan dolorosamente en el momento en que, invadidos por los nuevos impulsos de la adolescencia, necesitarán conquistar su autonomía y arar nuevos campos de crecimiento, más que «revisar las bases» de la infancia, con menor naturalidad y mayor sufrimiento.

¡Son muchas las razones por las que los padres de niños de ocho a doce años deben preservar esa etapa de la infancia! Es un tiempo de latencia valioso en el que pueden serenamente y con confianza ejercer plenamente su papel de padres. ¡La adolescencia será entonces más fácil para todos!

# Bibliografía

Bourcet S. y Tyroche Y., *Petite terreur ou souffre-douleur?*, París, Albin Michel.

Brachet M., *Les écrans dévorent-ils nos enfants?*, Fleurus, col. «Le métier de parents».

Braconnier A. y Marcelli D., *L'Adolescence aux mille visages*, Odile Jacob.

Copper-Royer B., *Vos enfants ne sont pas de grandes personnes*, París, Albin Michel.

Côte S., *Petit surdoué deviendra grand, l'avenir de l'enfant précoce*, París, Albin Michel.

Delaroche P., *Parents, osez dire non!*, París, Albin Michel.

Dolto F., *La cause des enfants*, Pocket.

Galimard P., *L'Enfant de six à onze ans*, Dunod.
— *L'Enfant de neuf à douze ans*, Dunod.

**¡No, todavía no eres adolescente!**

Jacob C., *Peut-on encore élever ses enfants?*, Fleurus, col. «Le métier de parents».

Klein M., *L'Amour et la haine, le besoin de réparation*, Payot Poche.

Marcelli D., *L'Enfant chef de la famille*, París, Albin Michel.
— *Enfance et psychopathologie*, Masson.

Meirieu P., *Repères pour un monde sans repères*, Desclée de Brouwer, 2002.

Miller A, *L'Avenir du drame de l'enfant doué*, PUF, col. «Fil rouge».

Winnicott D.W., *L'Enfant et sa famille*, Payot Poche.
— *De la pédiatrie à la psychanalyse*, Payot.

# Índice